ET SI NOUS DANSIONS ?

Pour une politique du bien commun au Canada

CHARLES BLATTBERG

Et si nous dansions?

Pour une politique du bien commun au Canada

Traduit de l'anglais par Isabelle Chagnon

Les Presses de l'Université de Montréal

Catalogage avant publication de la Bibliothèque nationale du Canada

Blattberg, Charles

Et si nous dansions? : pour une politique du bien commun au Canada
(Champ libre)

Traduction de : Shall we dance ?

Comprend des réf. bibliogr.

ISBN 2-7606-1948-6

1. Canada—Politique et gouvernement—Philosophie.
2. Communication politique—Canada.
3. Bien commun.
4. Politique publique—Canada.
5. Canada—Politique et gouvernement—21ᵉ siècle—Philosophie.

I. Titre.
II. Collection : Champ libre (Presses de l'Université de Montréal).

A85.2.C3B5814 2004   320.971   C2004-940334-6

Dépôt légal : 2ᵉ trimestre 2004
Bibliothèque nationale du Québec

© Les Presses de l'Université de Montréal, 2004,
pour l'édition en langue française

L'édition originale de cet ouvrage est parue sous le titre :
SHALL WE DANCE ?A patriotic politiques for Canada
© McGill-Queen's University Press 2003

La traduction de cet ouvrage a été réalisée grâce à une subvention du Conseil
des Arts du Canada.

Les Presses de l'Université de Montréal remercient de leur soutien financier
le ministère du Patrimoine canadien, le Conseil des Arts du Canada et la
Société de développement des entreprises culturelles du Québec (SODEC).

Imprimé au Canada en avril 2004

À la mémoire de George Luscombe

Préface

On entend souvent dire qu'il est bon de regarder les choses en « prenant une distance ». J'espère que c'est vrai, car au moment d'entamer l'écriture du présent livre, je vivais en Israël ; auparavant, j'avais séjourné en Grande-Bretagne et en France, pour un total de presque sept années à l'étranger. Bien sûr, il est possible qu'un séjour aussi long dans des endroits aussi éloignés m'ait complètement coupé de la réalité canadienne. C'est au lecteur qu'il reviendra d'en juger.

Je m'amusais parfois à étonner les Israéliens, et les Canadiens lorsque j'étais de passage au pays, en affirmant trouver la politique canadienne plus intéressante que la politique israélienne. Évidemment, je m'assurais d'employer le qualificatif « intéressante » plutôt que « passionnante ». Ce que je voulais dire par là, c'est que le philosophe politique que je suis constatait avec regret que les principaux enjeux de la situation en Israël portaient encore largement sur des questions faisant appel à la contribution du soldat plutôt qu'à celle du penseur. Pendant un certain temps, le processus de paix a changé cette dynamique en accordant un rôle de premier plan au dialogue et en mettant en veilleuse l'usage de la force. Toutefois, ce dialogue relevait davantage de la négociation que de la conversation, distinction qui joue un rôle central dans l'argumentation développée dans le présent ouvrage. Pour résumer, disons que lors d'une négociation, les parties font tout leur possible pour faire des concessions et des compromis adéquats en regard des valeurs ou des biens en jeu, dans le but de mettre fin au conflit par des accommodements raisonnables. En revanche, lors d'une conversation, l'objectif est d'arriver à une compréhension mutuelle. Ce processus nécessite un effort très exigeant de la part des interlocuteurs en présence, qui doivent être animés d'une réelle volonté d'être à l'*écoute* les uns des autres ; ils doivent également se montrer disposés à transformer leurs valeurs ou leurs biens, pour que ceux-ci en viennent à faire l'objet non pas d'un compromis, mais plutôt d'une intégration et d'une conciliation. Ainsi, une approche politique qui s'appuie sur la conversation aura plus de profondeur et sera potentiellement plus progressiste qu'une politique qui ne s'en tient qu'à la négociation. Évidemment, il n'est pas toujours possible de pratiquer ce type de politique. À ce qu'il paraît, les pourparlers clandestins d'Oslo entre Israéliens et Palestiniens avaient commencé avec une tentative de conversation, mais comme me le racontait un jour le professeur Shlomo Avineri de l'Université hébraïque de Jérusalem, l'exercice a tellement enflammé les participants qu'il est rapidement devenu clair, pour l'ensemble des parties concernées, que toute tentative d'en arriver à une entente devait être abandonnée, sinon l'usage de la force — et non la négociation — redeviendrait la seule option envisageable.

Bien que la négociation ait eu récemment tendance à dominer la scène politique canadienne (son principal rival n'étant pas, hélas, la conversation, mais le plaidoyer, qui devient nécessaire lorsqu'on s'en remet aux tribunaux pour régler des questions politiques), il me semble qu'en raison de son histoire, le Canada aurait tout ce qu'il faut pour accorder un plus grand rôle à la conversation. De plus, comme je l'affirme dans le présent ouvrage, certains de nos principaux problèmes et controverses politiques exigent, pour trouver résolution, que nous empruntions cette avenue. Dans ce cas-ci, le penseur politique a une contribution importante à apporter, et j'ose espérer qu'il sera entendu.

Il y a maintenant plus de deux ans que je suis rentré au Canada. «Le froid me manquait», dis-je à la blague aux gens qui demandent pourquoi je suis revenu. L'une des vraies raisons de mon retour, cependant, était tout simplement que je commençais à avoir le mal du pays, ou plutôt «mal au pays». C'est également l'une des raisons pour lesquelles j'ai décidé d'écrire le présent essai. Car ce mal, qui relève plutôt du malaise, habite selon moi un trop grand nombre de Canadiens, qui ne se sentent pas chez eux dans leur propre pays. Mon principal objectif, dans le présent livre, est d'expliquer le comment et le pourquoi de cette situation, et d'indiquer ce qu'on pourrait et devrait faire pour y remédier.

Les écrits politiques ne devraient jamais être élaborés en vase clos. Cela est particulièrement vrai pour les personnes qui, comme moi, souscrivent à une approche « pratique » et non « théorique » de la philosophie politique. J'aimerais donc exprimer ma gratitude à Mark Cohen, Yves Couture, Stéphane Dion, Marc Fabien, Alain Noël, Avery Plaw, Philip Resnick, Rod Tweedy et Linda White, ainsi qu'à deux réviseurs anonymes de la Fédération canadienne des sciences humaines et sociales. Toutes ces personnes ont lu le manuscrit et offert des commentaires constructifs sur l'ensemble ou certaines des parties du document. Je voudrais aussi remercier Florence Noyer des Presses de l'Université de Montréal, Isabelle Chagnon pour la traduction, mes collègues de l'Université de Montréal ainsi que tous mes amis du Arts Café. Merci également à Magdalene Redekop pour m'avoir initié, il y a longtemps, à la littérature canadienne-anglaise, et merci par-dessus tout à Yael, pour sa présence de tous les instants et sa grande patience.

Introduction
Chez nous au Canada ?

The snow is so merciless
on poor old Montreal
in spite of everything that's happening
in spite of it all

The Tragically Hip, *Courage (for Hugh MacLennan)*[1]

Next time un peu d'effort.

Jean Leloup, *Le monde est à pleurer*[2]

Moi, Lucien Bouchard, je jure fidélité et sincère
allégeance à sa Majesté la reine Elizabeth II.

Lucien Bouchard, 9 novembre 1993

I

Comment Lucien Bouchard, un des leaders du mouvement
souverainiste québécois, a-t-il pu dire une chose pareille ? À
première vue, il a agi de la sorte pour être autorisé à siéger au
Parlement canadien à titre de chef du Bloc québécois, parti
prônant la souveraineté, qui constituait à l'époque l'opposition officielle au pays. Mais les choses ne sont pas tout à fait
aussi simples. Car lorsque Gerry Adams et Martin McGuiness,
dirigeants du Sinn Féin, parti républicain d'Irlande du Nord,

ont été élus à Westminster, ils ont refusé de prêter ce même serment d'allégeance, même si cela voulait dire que les portes du Parlement britannique leur demeureraient fermées.

Bien sûr, il existe de nombreuses différences historiques, stratégiques et autres entre les républicains d'Irlande du Nord et les souverainistes du Québec. Ainsi, les cyniques diront qu'il était dans l'intérêt des souverainistes que Bouchard manque à sa parole et prête serment alors que les avantages, pour les républicains irlandais, d'avoir un siège à Londres étaient minimes en comparaison. On pourrait également faire valoir que, comme il n'est mentionné nulle part dans les écrits souverainistes officiels qu'un Québec indépendant devrait rompre avec la monarchie constitutionnelle ou même quitter le Commonwealth, le retrait du Québec des rangs canadiens ne constituerait pas nécessairement une infidélité à la reine. Ou on pourrait affirmer qu'il est dans le meilleur intérêt de la reine, qu'elle en soit consciente ou non, que le Québec se sépare, parce qu'une république indépendante serait en bout de ligne un bien meilleur allié pour la monarchie qu'un Québec intégré à contrecœur au Canada. Mais ce serait y aller un peu fort.

J'aimerais plutôt suggérer qu'il existe une autre raison pour laquelle Lucien Bouchard a été capable de prêter ce serment d'allégeance, à savoir que ce geste correspondait chez lui à un sentiment réel, du moins en partie. Je ne veux pas dire ici qu'il soit monarchiste. Comme chacun sait, le serment d'allégeance ne porte que sur le Canada ; ce que je dis, c'est que Lucien Bouchard éprouve un sentiment de loyauté envers le Canada, *du moins jusqu'à un certain point.*

Il n'y a là rien de vraiment surprenant. Après tout, Bouchard a déjà fait partie de l'équipe dirigeante d'un parti fédéraliste. Il a également été l'un des architectes de l'accord du lac Meech, série d'amendements constitutionnels jamais entérinés qui avaient été conçus pour réformer le Canada et faire renoncer les nationalistes québécois à leur projet souverainiste. Ce n'est que lorsqu'il est devenu clair que l'accord était voué à l'échec que Bouchard en est venu à endosser la souveraineté-association. Pour lui, comme pour de nombreux autres Québécois, l'accord du lac Meech représentait tout simplement la dernière chance du Canada[3].

Mais bien que très répandue, cette façon de voir ne fait pas pour autant l'unanimité. Parce qu'il existe, comme on le sait, des Québécois ,   qui l'accord du lac Meech n'allait tout simplement pas assez loin, et pour qui seule aurait été acceptable une séparation complète qui aurait coupé tous les liens avec le Canada autres que ceux qu'entretient ce dernier avec n'importe quel autre pays souverain. En d'autres mots, il existe de nombreuses interprétations possibles de ce qu'être un Québécois nationaliste veut dire. Pour certains, ce qui importe avant tout est l'avènement d'un Québec pleinement indépendant, à l'intérieur duquel la nation québécoise aurait un État qui lui appartiendrait en propre. Ces personnes seraient prêtes à payer un prix économique élevé pour que ce projet se concrétise — ce qui me remplit à la fois d'admiration et de tristesse —, même si d'aucuns affirment que le Québec jouirait d'une meilleure santé économique en tant qu'entité indépendante qu'en tant que province canadienne. Pour d'autres, dont certains citoyens de la province, il ne rime à rien de reconnaître l'existence de la nation québécoise, sauf peut-être pour mieux souhaiter sa disparition. D'autres encore vont même jusqu'à affirmer que les nationalistes québécois, à l'instar de tous les nationalistes, sont tout simplement irrationnels, voire même dangereux, parce qu'ils défendent un type de communauté qui est loin d'avoir fait brillante figure au cours de l'histoire. Selon eux, le Québec devrait demeurer au sein du Canada et constituer une province comme les autres, ce qui veut dire que nous devrions nous opposer à toute forme de reconnaissance constitutionnelle de la nation qui y réside.

La majorité des citoyens du Québec, toutefois, ne se reconnaît dans aucun de ces camps. La plupart d'entre eux sont comme Lucien Bouchard, en ce qu'ils ressentent quelque chose, même implicitement, *à la fois* pour la nation québécoise et pour le Canada[4] ; pour employer le langage de la philosophie morale, on pourrait dire qu'ils conçoivent les deux entités comme des biens intrinsèques réels. Ils n'accordent certainement pas aux deux une valeur égale ; leur lien avec le Canada, par exemple, tient parfois à l'existence d'avantages économiques clairs. Cela dit, et la Constitution du pays étant ce qu'elle est, les deux entités sont considérées comme suffisamment importantes aux yeux de ces «Canadiens québécois», comme nous pourrions les appeler, pour qu'ils se sentent écartelés dans des directions opposées. Ils pencheront parfois d'un côté — au moment d'écrire ces lignes, la souveraineté semble inspirer passablement de scepticisme —, parfois de l'autre, mais l'idée de trouver satisfaction des deux côtés à la fois leur apparaît comme une impossibilité. Je n'apprendrai rien à personne en disant que les Canadiens québécois sont habités par un véritable conflit opposant leurs différentes loyautés politiques.

L'un des principaux objectifs de ce livre est de montrer que les approches qui ont exercé jusqu'ici la plus grande influence sur notre constitution et nos politiques n'ont eu pour effet, en bonne partie, que d'accentuer des dilemmes tels que celui-là. L'une des conséquences les plus importantes de cet état de choses est que nous, Canadiens, n'avons jamais pu nous sentir «chez nous» au sein de la Constitution de notre pays. En effet, presque chacun d'entre nous éprouve en quelque sorte un sentiment d'aliénation à l'égard soit de la Constitution elle-même, soit des nombreux citoyens qui ne s'y reconnaissent pas. En outre, l'expérience montre qu'il sera impossible, du moins dans un avenir prévisible, de faire en sorte que les Canadiens se sentent davantage chez eux dans leur propre pays. Cela s'explique entre autres par le fait que, selon moi, un grand nombre d'entre nous ne savons pas trop ce que cela voudrait dire exactement. J'aborde cette question en dernière partie du présent chapitre.

Après avoir clarifié ce que devrait être notre objectif, j'explique, dans le reste de l'ouvrage, comment nous en sommes arrivés à la déconcertante situation qui nous caractérise aujourd'hui, puis j'offre certaines suggestions sur la façon dont nous pourrions la dépasser. Ainsi, au chapitre 2, je décris trois façons de répondre aux conflits politiques, dont deux font plutôt figure d'obstacles à ce que nous arrivions à nous sentir chez nous au sein de la Constitution de notre pays. Au chapitre 3, je montre en quoi ces deux approches ont mené à une mauvaise compréhension de notre passé — en particulier de notre rapport avec la nature et le territoire que nous occupons — de même que des diverses communautés culturelles qui sont à l'origine de ce « nous ». Le chapitre 4 fait état de ce que nous sommes aujourd'hui, plus particulièrement des diverses communautés dont nous faisons partie. Le chapitre 5 porte sur notre avenir (possible) ; j'y explique mon engagement envers certaines des idées qui constituent (ou devraient constituer) le cœur de notre politique contemporaine, dans l'objectif de démontrer l'importante différence qui existe, dans la pratique, entre ce que j'appelle une approche « patriotique » et certaines approches plus conventionnelles. Enfin, dans le dernier chapitre, je discute en termes plus généraux des façons dont nous pourrions partir d'où nous sommes pour atteindre notre objectif, soit la mise en place d'un véritable « chez-soi » pour nos concitoyens ; je décris ensuite une contribution réussie à la réalisation de cet objectif. Ce que j'espère, bien sûr, c'est que cela nous encouragera à faire d'autres tentatives en ce sens.

Tout au long du livre, je défends ce qui, aux yeux de bien des gens, apparaîtra comme une nouvelle conception de ce qu'est ou devrait être un pays (ou en fait n'importe quel type de collectivité politique) : une « communauté de citoyens », à la différence d'une « nation ». La conception du patriotisme liée à cette façon de voir s'inspire, bien que de façon parfois critique, d'une approche dont les racines sont anciennes, soit l'idéologie du « républica-

nisme classique », dont les tenants se disaient patriotes longtemps avant que les nationalistes revendiquent ce terme. C'est
la raison pour laquelle il deviendra clair, je l'espère, que le patriotisme tel que je le conçois est à la fois ancien et nouveau ; selon
cette approche, pour devenir qui nous devrions devenir, il faut
faire un retour — tout en les transformant — vers les meilleurs
aspects de ce que nous avons déjà été.

II

En général, les constitutions sont des recueils de règles. En
quoi consistent les règles, et comment fonctionnent-elles ?
Selon moi, l'une des meilleures réponses à ces questions a été
apportée par le philosophe Ludwig Wittgenstein. Il y est arrivé
principalement en posant lui-même une série de questions,
comme celles-ci :

> Une règle se présente tel un poteau indicateur. — Ne laisse-t-il
> subsister aucun doute quant au chemin à suivre ? Indique-t-il la
> direction à prendre, une fois que je l'ai dépassé ; soit la route,
> soit le sentier, soit à travers champ ? Mais par quoi saurais-je
> interpréter son indication : dans la direction de la main, ou
> (p. ex.) la direction opposée ? — Et si au lieu d'un seul poteau
> indicateur se trouvait toute une chaîne ininterrompue d'écri-
> teaux, ou des traits à la craie sur le sol, — n'y a-t-il pour eux
> qu'une interprétation[5] ?

Avant Wittgenstein, on s'en doute, bien peu de gens avaient
pris la peine d'expliciter le fait que les poteaux indicateurs indi-
quent d'aller dans la direction où pointe le doigt. Parce que
cela a toujours été le cas, et qu'il s'agit d'une pratique préréflexive, implicite, que nous avons tous acceptée et adoptée par
simple habitude. Il existe, bien sûr, un grand nombre d'autres
règles et pratiques de ce genre. Par exemple, une chaise, tout
comme un poteau indicateur, semble « exprimer » une règle se
rapportant à une pratique donnée ; dans ce cas-ci, la chaise est
là pour qu'on s'y assoie. Pour donner un autre exemple, pre-

nons les nombreux principes auxquels nous adhérons tous ; l'un des plus importants sur le plan politique est que, du moins depuis l'avènement de la modernité, les individus sont tous égaux et devraient être traités avec un minimum de dignité et de respect. On pourrait continuer car la liste est longue.

En fait, la plupart de nos pratiques sont préréflexives et si harmonieusement intégrées les unes aux autres que nous pouvons parler de toute une façon d'être que nous adoptons par habitude, sans y réfléchir et sans avoir à l'expliquer. Toutefois, les règles ainsi que les pratiques qu'elles régissent ne sont pas entièrement préréflexives, parce qu'elles sont exprimées par l'intermédiaire du langage. Mais là où nous nous sentons le plus «chez nous»—là où les règles sont «à leur meilleur»—, c'est lorsque lesdites règles renvoient à des pratiques que nous pourrions adopter de façon préréflexive sans qu'elles aient besoin d'être explicitées. C'est précisément à des règles «expressives» de ce genre, comme je les appelle, que Wittgenstein fait référence lorsqu'il écrit que les règles sont des choses que nous *suivons*, qu'elles expriment des pratiques que nous *comprenons*, des pratiques auxquelles nous adhérons si profondément qu'elles sont considérées comme l'expression de notre «moi», de notre identité. À mon sens, c'est probablement là où il veut en venir lorsqu'il écrit qu'une règle nous «inspire[6]» ce que nous devons faire, à tel point que nous avons le sentiment d'être «sous la contrainte[7]» de cette règle, comme si «une voix intérieure nous disait : *dans* ce sens-là[8] !». En fait, quand une personne a «écouté sa voix intérieure et lui a obéi[9]», ajoute Wittgenstein, elle a «le sentiment d'être guidée par les règles comme par un charme[10]».

Il s'agit là d'une des formes d'accord entièrement harmonieux et désaliéné avec une règle expressive, qui constitue probablement le propos de Wittgenstein lorsqu'il dit que «le mot "conformité" et le mot "règle" sont *apparentés*, ils sont cousins[11]». Car lorsqu'une règle est l'expression de notre moi et de notre identité—de qui nous sommes dans le sens de ce que nous faisons dans un contexte donné —, nous pouvons dire que nous sommes en accord avec cette règle, que nous y adhérons. Mais l'accord dont témoigne notre observation des règles expressives peut également être compris dans un deuxième sens. Ainsi, lorsque plusieurs personnes suivent la même règle, on peut dire qu'elles *partagent* une compréhension de ladite règle, et qu'il existe donc une conformité entre *elles*. Wittgenstein ajoute que lorsqu'il y a suffisamment de concordances de ce genre, on peut parler d'une conformité de « forme de vie[12] ».

La thèse principale que je souhaite proposer ici est la suivante : c'est la mesure dans laquelle les citoyens sont en accord avec les règles constitutionnelles de leur pays — en tant qu'individus, ces règles étant l'expression de leur moi, et en tant que groupe, les citoyens adhérant à ces règles au point de partager une même forme de vie — qui détermine si la Constitution sera ou non en mesure de susciter chez eux un sentiment d'appartenance politique. En d'autres termes, les citoyens ne pourront se sentir réellement chez eux qu'au sein d'une constitution faite de règles expressives.

NOTES

1. Tiré de l'album *Live Between Us*.
2. Tiré de l'album *Le dôme*.
3. Voir Lucien Bouchard, *À visage découvert*, p. 247-248, 295-325.
4. Le nationaliste québécois Christian Dufour a jugé bon de marteler ce même point à treize reprises dans sa *Lettre aux souverainistes québécois et aux fédéralistes canadiens qui sont restés fidèles au Québec*.
5. Ludwig Wittgenstein, *Investigations philosophiques*, première partie, art. 85.
6. *Ibid.*, art. 231. Voir aussi art. 232.
7. *Ibid.*, art. 231.
8. *Ibid.*, art. 232.
9. *Ibid.*, art. 233.
10. *Ibid.*, art. 234.
11. *Ibid.*, art. 224.
12. *Ibid.*, art. 241.

1

La réponse aux conflits :
trois façons de faire, trois Canada

I

Un nombre important de Canadiens, il faut bien le dire, n'ont jamais considéré la constitution de leur pays comme un ensemble de règles expressives. À l'origine, on parle principalement des autochtones et des Canadiens français, puis de tous ceux qui ont exigé, sans l'obtenir, l'avènement d'un gouvernement responsable. Au bout d'une ou deux rébellions, ce dernier groupe a fini par obtenir plus ou moins satisfaction, et même les francophones en sont venus à éprouver un plus grand sentiment de sécurité lorsque les tentatives d'assimilation à leur endroit ont finalement cessé. Cependant, les importantes transformations sociales qui ont marqué le Québec dans les années 1960, combinées à l'arrivée au pouvoir de Pierre Trudeau et de ses partisans à Ottawa, ont fait en sorte qu'un grand nombre des francophones de la province éprouvent dorénavant, à l'instar des autochtones et d'autres groupes, de la difficulté à se sentir « chez eux » au Canada. En fait, je suis d'avis qu'aucun Canadien, même ceux qui affirment le contraire, ne doit se sentir particulièrement chez lui au pays aujourd'hui.

L'une des principales raisons de cet état de fait est l'influence de ce que j'appellerai l'approche « monarchiste » de la politique. Selon les monarchistes, il ne peut y avoir de justice que sous une autorité souveraine unique, devant laquelle tous les acteurs des principaux conflits politiques doivent *plaider* leur cause. Or, le plaidoyer, disons-le sans ambages, ne constitue pas une vraie forme de dialogue parce qu'il n'admet aucun échange d'idées ni, par voie de conséquence, aucune évolution ou transformation de l'identité des interlocuteurs en présence, éléments essentiels au dialogue. Il exclut ces échanges sous prétexte que l'autorité souveraine ne doit jamais être remise en question. À l'opposé du « grand nombre » qui prend part aux conflits — les *hoi polloi*, comme on les appelait chez les anciens Grecs —, le souverain est censé représenter « le seul », c'est-à-dire une unité indivisible et parfaite qui ne connaît ni contradictions ni conflits intérieurs. C'est pourquoi il a toujours le dernier mot, et que tout ce qui émane de lui est considéré d'emblée comme absolument irrévocable, la perfection n'admettant aucune remise en question. De plus, selon ce raisonnement, le souverain est investi de la capacité de constituer la fondation du pays. Ainsi, en se conformant à ses décisions, ceux qui s'en remettent à lui ne connaissent ni divisions ni fluctuations, mais demeurent unis, stables et inébranlables.

Le lecteur aura probablement compris que même si je donne à cette approche le nom de monarchiste, cela ne veut pas dire que l'autorité souveraine doive absolument s'incarner en une seule personne comme un roi ou une reine. Mon intention est plutôt de mettre l'accent sur le caractère « mono », c'est-à-dire unifié, de l'« archie », soit l'entité dirigeante à qui les plaidoyers sont adressés. Et comme l'unité est depuis longtemps considérée comme un aspect du divin[1], on a une idée du degré de respect dont l'autorité souveraine est censée faire l'objet. En effet, le terme « souverain » vient du latin *superanus*, qui signifie supérieur, lequel dérive à son tour de la préposition *super*, qui veut dire « au-dessus ». Ce n'est donc pas un hasard si, du moins en Occident, on dit que le monarque règne sur ses sujets comme le Dieu des religions monothéistes sur l'univers[2].

Bien sûr, la première forme de règne monarchique au Canada, du moins officiellement, s'est incarnée en un seul individu, en vertu de l'institution de la Couronne, dont on dit, depuis l'époque de l'empereur Constantin, à Rome, qu'elle règne par la grâce de Dieu (*Dei Gratia Regina*, comme il est inscrit sur nos pièces de monnaie). Ainsi, selon une théorie répandue, la Couronne avait deux « corps », soit celui, biologique, du roi ou de la reine, et un corps politique, les deux se fondant, en quelque sorte, en une unité organique présente simultanément ici-bas (ces dernières années, à l'intérieur du Parlement) et dans la sphère de la transcendance[3]. C'est cette transcendance au moins partielle qui est considérée comme la source de la perfection du souverain et qui rend ses décisions autosuffisantes et sans appel.

Toutefois, depuis l'avènement du gouvernement responsable, en 1848, la presque totalité des prérogatives de la Couronne ont été confiées à un organe exécutif responsable devant des représentants du peuple qui siègent au Parlement. Cela signifie que même si la Couronne existe encore dans le cadre constitutionnel[4], son statut de monarque a été pratiquement aboli, et elle ne peut plus avoir le dernier mot, pas plus que ses représentants. Curieusement, notre constitution ne fait aucune mention de l'idée de gouvernement responsable. En effet, depuis 1982, le texte de la Constitution commence comme suit : « Attendu que le Canada est fondé sur des principes qui reconnaissent la suprématie de Dieu et la primauté du droit… » Cette formulation, à mon sens, indique que la Constitution *elle-même* se veut le monarque du pays, en vertu de la suprématie du droit constitutionnel. Et quels sont censés être les fondements de ce droit ? La Loi constitutionnelle de 1982 n'en dit mot, mais il existe une réponse possible : la source de son autorité relève de la « théorie », plus précisément, dans le cas qui nous occupe, d'une théorie systématique de la justice élaborée par un philosophe de la politique qui ne nous est pas inconnu, soit nul autre que Pierre Elliott Trudeau.

Une théorie de la justice pourrait se comparer au livre de règlements d'un sport ou d'un jeu, à ceci près qu'évidemment, c'est à des juges et non à des arbitres qu'on s'en remet et à qui on adresse des plaidoyers. À l'origine, les théories de ce genre étaient présentées comme le fruit des réflexions contemplatives de philosophes complètement désengagés, ce qui en garantissait, laissait-on entendre, l'« objectivité absolue » et leur conférait le statut de vérité irréfutable, même pour un être qui débarquerait de la planète Mars. Récemment, cependant, cette notion d'objectivité absolue a commencé à faire figure de chimère aux yeux de nombreux philosophes, avec pour résultat que les théoriciens ont cessé de prétendre au degré de détachement qu'elle était censée exiger. Ils se sont plutôt satisfaits du type d'objectivité engendrée par une reformulation systématique des pratiques et des institutions déjà présentes dans les sociétés actuelles. Les théories de la justice ainsi obtenues ne sont jugées appropriées que pour les membres des sociétés auxquelles elles se rapportent.

Quelle que soit la façon dont elles sont formulées, toutes ces théories se veulent unifiées, caractéristique essentielle, comme nous l'avons vu, de toute entité ayant des prétentions monarchistes. Dans le cas des formes « neutralistes » de théories, le type d'unité revendiquée est souvent décrit comme « systématique », ce qui veut dire que même si leurs principes sont considérés comme distincts les uns des autres sur le plan du sens, ils sont toutefois imbriqués les uns aux autres de manière entièrement non contradictoire. D'où l'analogie avec les sports ou les jeux, dont les règles sont aussi, par nécessité, systématiques. Prenons l'exemple du hockey. Si une règle, par exemple à la page six du livre de règlements, explique en quoi consiste un dégagement refusé, et qu'une autre, disons à la page vingt-cinq, affirme que ce même type de dégagement est acceptable, chaque fois qu'un dégagement sera effectué par les joueurs, les arbitres seront laissés à eux-même pour prendre une décision. Ils ne pourront pas prétendre se borner à appliquer les règles, ni affirmer qu'ils sont entièrement neutres face aux joueurs et qu'ils se situent en quelque sorte au-dessus de la mêlée. De même, si la constitution du théoricien neutraliste n'est pas systématique, alors les juges qui sont chargés de l'appliquer ne pourront prétendre délibérer d'une façon qualitativement différente de celle des politiciens ordinaires. Cela les placerait au même niveau que ces derniers, sans même qu'ils puissent prétendre avoir été élus.

Ainsi, ce n'est que lorsqu'elle s'appuie sur une théorie systématiquement unifiée de la justice qu'une constitution neutraliste peut être considérée comme la fondation monarchiste d'un pays. On ne s'étonnera pas, dans ces circonstances, que le mot « théorie » ait eu à l'origine des connotations religieuses, *theos* voulant dire « dieu » chez les anciens Grecs et *theoria* faisant référence à la contemplation d'une cérémonie sacrée[5]. L'unité est également fondamentale parce que, comme nous l'avons vu, elle est impartie à toute société gouvernée par une constitution qui se veut unifiée. Ainsi, un État juste gouverne une population unifiée — laquelle, selon la tradition théorique adoptée, peut être évoquée par le terme « peuple », « citoyens » ou « nation ».

Au cœur de la théorie de Trudeau se trouve l'affirmation d'une liberté et d'une égalité entre tous les individus, ce qui veut dire qu'en matière de droits fondamentaux, l'ensemble des Canadiens doit s'attendre à un traitement uniforme de la part de l'État et de ses institutions[6]. Les opposants à cette théorie, toutefois, ont fait en sorte que Trudeau ne puisse jamais l'appliquer intégralement. Au cours de son combat pour faire adopter la Charte des droits et libertés, par exemple, Trudeau a subi des pressions qui l'ont forcé à inclure une clause « nonobstant », c'est-à-dire une clause dérogatoire mise à la disposition du Parlement et des législatures provinciales ; il a également été forcé d'affirmer le caractère distinct des droits des autochtones par rapport à ceux des autres Canadiens et à accepter une clause autorisant l'application de programmes de discrimination positive à l'intention des minorités défavorisées[7]. Même si, en raison de tout cela, Trudeau n'a jamais pu obtenir une constitution qui soit parfaite à ses yeux, il pouvait du moins prétendre que les choses progressaient dans la bonne direction, et que la Constitution allait dans le sens de ce qu'il appelait « l'unité du Canada[8] ». D'où son opposition véhémente aux dommages que l'accord du lac Meech allait selon lui infliger à cette constitution ; ainsi, la première de ses nombreuses interventions contre l'accord s'intitulait « Dites adieu au rêve d'un Canada uni[9] ».

Remarquez que selon cette approche, les gens qui sont censés être gouvernés par la Constitution ne jouent aucun rôle dans tout ça, et qu'on s'attend tout simplement à ce qu'ils se conforment aux décisions venues d'en haut. Le philosophe théoricien formule les principes, les juges les appliquent et le *demos* n'a qu'à suivre. On ne s'étonnera pas, dans ce contexte, que Trudeau n'ait pas jugé nécessaire de faire endosser sa Loi constitutionnelle par un référendum. Impossible de ne pas remarquer, également, la formule d'amendement extrêmement complexe qui y est enchâssée, exigeant que toute modification reçoive le consentement du Parlement et d'au moins les deux tiers des assemblées législatives provinciales représentant au moins cinquante pour cent de la population canadienne. Mais ce n'était pas d'hier que Trudeau éprouvait une méfiance envers « l'opinion publique », dont il disait qu'elle cherchait à « imposer son hégémonie sur tout ». Il disait aussi : « Elle prétend réduire à un dénominateur commun toute action, toute pensée, tout sentiment. Elle interdit l'indépendance et tue l'invention ; elle réprouve qui l'ignore et bannit qui la contredit[10]. » Cela dit, la démocratie, cet autre monarque potentiel, avait tout de même une place dans la Charte. En effet, la toute première clause du document se lit comme suit : « La Charte canadienne des droits et libertés garantit les droits et les libertés qui y sont énoncés. Ils ne peuvent être restreints que par une règle de droit, dans des limites qui soient raisonnables et dont la justification puisse se démontrer dans le cadre d'une société libre et démocratique[11]. » Ainsi, paradoxalement, la démocratie fait partie de la Charte, mais constitue aussi la base des « limites » qui s'y appliquent. On a déjà vu plus systématique.

Et si la démocratie était, elle aussi, considérée comme un monarque potentiel ? Aristote a été le premier à aller dans ce sens, en suggérant l'existence d'une forme de démocratie où le peuple se rassemble afin de régner comme un seul roi[12]. De nos jours, cela se produit dans les démocraties où « le peuple » est considéré comme l'autorité souveraine, ce qui est plus souvent le cas dans les systèmes républicains que dans les régimes parlementaires. Dans ce type de démocratie, le peuple est vu comme une entité prépolitique dont on dit qu'elle accède à l'unité chaque fois que la majorité vote en faveur d'une proposition particulière, exprimant ainsi une opinion publique monolithique. Ceci, bien sûr, correspond au « We, the People » (Nous, peuple des États-Unis) qui se trouve au début de la Constitution américaine, laquelle proclame non seulement « In God We Trust » (nous croyons en Dieu), mais aussi « E Pluribus Unum » (plusieurs font un). C'est ce qui a amené Alexis de Tocqueville à conclure que « le peuple règne sur le monde politique américain comme Dieu sur l'univers[13] ». Au nord, c'est pour obtenir ce type de justice démocratique que les rébellions de 1837 contre le pouvoir britannique ont eu lieu[14], rébellions qui, bien que rapidement mâtées, n'en ont pas moins mené à une victoire au moins partielle, comme en témoigne l'avènement ultérieur du gouvernement responsable. Certains Canadiens se demandent, encore aujourd'hui, si cette victoire doit se réaliser jusqu'au bout[15].

Ainsi, même si les rebelles ont perdu la bataille, la guerre, semble-t-il, continue. Depuis l'avènement du gouvernement responsable, on peut dire que le peuple a rivalisé tant avec la Couronne qu'avec, depuis 1982, la théorie qui sous-tend la

Charte et qui se veut l'autorité souveraine *unique* au Canada. Cependant, au Canada, la lutte pour la suprématie avait commencé bien avant. Car au début, la Couronne n'était pas tout à fait seule dans le paysage, ses alliés soi-disant loyaux, les mercantilistes, prenant peu à peu conscience que leur principale préoccupation, s'enrichir, n'était pas toujours compatible avec l'autorité royale. Les conflits entre ces deux groupes étaient par conséquent toujours en germe, même si les désaccords n'ont commencé à se manifester ouvertement que lorsque la classe marchande en est venue à préférer le libéralisme économique lockiste au torysme. En fait, d'aucuns n'hésitent pas à affirmer qu'en dépit de ce que disent les documents officiels, c'est ce qu'on a appelé «l'économie divine» qui constitue — sous une forme ou sous une autre — depuis longtemps le vrai monarque dans ce pays. Au fil du temps, ce système économique a fait l'objet tantôt de critiques en raison de la concentration des richesses qu'il implique entre les mains largement intéressées, au début, des mercantilistes, et plus tard, de notre «classe capitaliste», tantôt d'une plus grande indulgence en raison de sa capacité à assurer le bien-être d'une grande partie de la population[16].

Je soupçonne la plupart des Canadiens de voir ces affrontements entre tous ces aspirants monarques — la Couronne, l'économie divine, le peuple, la justice théorique de la Charte — comme une bataille qui n'a jamais eu ni n'aura jamais de vainqueur. Et pour bon nombre d'entre nous, c'est une bonne chose. Car dans notre for intérieur, nous savons que la monarchie n'a pas sa place en politique, et qu'elle est même antipolitique. Cela explique peut-être pourquoi, quand nous voyons nos voisins du sud vouer un véritable culte à leur constitution comme s'il s'agissait d'une sorte de religion politique révélée[17], il nous est difficile de ne pas céder à l'ironie. L'attitude des Américains nous semble à certains égards très idéaliste, voire même simpliste, en particulier quand nous pensons à l'indéniable complexité de nos propres divisions, tant passées que présentes.

Par conséquent, nombre d'entre nous ont plutôt opté pour une approche que je qualifierais de « polyarchiste », qui préfère le règne de la pluralité à celui de l'unité. Selon cette façon de voir, l'idéal d'unité n'est qu'une chimère, parce qu'il existe dans le monde trop de visions contradictoires de la justice pour qu'une seule d'entre elles se voie accorder l'autorité souveraine absolue. Les plus cyniques opteront pour la *realpolitik*, selon laquelle la politique, pour inverser la fameuse phrase de Clausewitz, ne constituerait que la continuation de la guerre par d'autres moyens, et ceux qui s'y adonnent ne seraient par conséquent que des guerriers déguisés en politiciens. Les protagonistes ont beau échanger des paroles, mais aucun dialogue réel n'a jamais vraiment lieu. Leurs affrontements aboutissent parfois à la victoire de l'un d'entre eux, qui atteint une sorte de statut souverain et qui apporte une certaine unité à la société[18], sans qu'il s'agisse toutefois de l'unité absolue d'un véritable monarque. C'est ainsi que nous pourrions interpréter la récente concentration du pouvoir au bureau du premier ministre et dans les agences gouvernementales centrales. En effet, le premier ministre en est venu à détenir une telle autorité dans ce pays que certains se demandent s'il n'est pas à la tête d'une dictature élue[19].

D'autres, en revanche, affirment que les Canadiens se montrent beaucoup plus enclins à *s'accommoder* de leurs différences que ne le laisserait croire cette vision inspirée de la *realpolitik*, et revendiquent plutôt une forme « pluraliste » de polyarchie. Pour les pluralistes, les vrais acteurs politiques sont ceux qui reconnaissent la légitimité du droit au désaccord et donc la nécessité de la négociation. Ils n'hésiteraient pas à reprendre à leur compte ce que Northrop Frye a fièrement écrit, à savoir que « le génie canadien en matière de compromis se reflète dans l'existence même du Canada[20] », ce qu'a également dit en substance John A. Macdonald lorsqu'il a endossé les résolutions qui allaient plus tard devenir l'Acte de l'Amérique du Nord britannique (AANB) : « Le plan entier de la confédération tel qu'élaboré par la conférence, et soumis par le gouvernement canadien à l'examen du peuple et de la législature, porte le caractère d'un compromis[21]. » On pourrait aussi penser à ce concours organisé par la chaîne radiophonique de la CBC où le regretté Peter Gzowski, qui cherchait un équivalent canadien à l'expression «Aussi américain que la tarte aux pommes», avait demandé à ses auditeurs de compléter la formule «Aussi canadien que... ». Lui est ensuite parvenue une série de propositions prévisibles : «Aussi canadien que le sirop d'érable», «Aussi canadien que le hockey», et ainsi de suite. La proposition gagnante ? «Aussi canadien que possible, compte tenu des circonstances ».

Dans la sphère de la pensée politique, la principale préoccupation des pluralistes contemporains a été de s'opposer à ceux qui cherchent à élaborer des théories systématiques dans le but d'en faire le fondement de notre politique[22]. En général, on peut s'attendre à ce que les pluralistes s'opposent à toute forme de monarchie, et qu'ils nous encouragent à négocier entre nous plutôt qu'à plaider devant une autorité souveraine. La négociation est un aspect central du pluralisme, lequel suppose l'existence, dans le monde, d'une pluralité de valeurs et de façons de vivre parfois incommensurables qui, sans que quiconque n'en soit nécessairement responsable, entrent parfois en conflit. Si les acteurs de ces conflits sont en définitive des adversaires, ils doivent néanmoins se respecter suffisamment les uns les autres pour s'engager dans une forme ou une autre de dialogue afin de défendre ce qu'ils croient juste, même en sachant qu'ils devront en bout de ligne faire certains compromis.

Remarquez que selon cette conception, la justice tient strictement à la *façon* dont on aborde la résolution des conflits et à la capacité, pour les parties, de négocier en toute bonne foi. Rien n'est dit sur la teneur des accommodements ainsi réalisés, à savoir s'ils constituent ou non un reflet fidèle de la société tout entière. En fait, le pluralisme n'admet aucune notion de «vérité applicable à l'ensemble de la société», parce qu'il conçoit les sociétés, du moins les sociétés multiculturelles de l'Occident, comme des entités fragmentées où évoluent une pluralité de groupes et de modes de vie indépendants. Ces derniers peuvent se recouper jusqu'à un certain point, mais en bout de ligne, ils s'appuient sur des valeurs mutuellement exclusives, ce qui explique pourquoi, sur le plan conceptuel, ils sont considérés comme distincts les uns des autres au sens d'indépendants. C'est la raison pour laquelle, advenant un conflit, les pluralistes ont tendance à considérer qu'ils «entrent en collision» ou qu'ils se «heurtent» les uns aux autres, termes révélateurs d'un affrontement entre des entités conçues comme d'emblée séparées. S'ensuit un appel à la négociation, laquelle consiste à soupeser les différentes valeurs en présence et à les confronter en recherchant un équilibre, comme dans un jeu à somme nulle. Par conséquent, si la métaphore de la théorie neutraliste est l'arbitre qui suit les indications du livre de règles, on pourrait dire que celle du pluralisme est le groupe de joueurs qui, sans qu'aucun arbitre n'intervienne, discutent de la façon dont ils pourraient créer un équilibre entre leurs valeurs respectives, en plaçant celles-ci sur les plateaux d'une balance aux rouages extrêmement complexes.

La polyarchie pluraliste, comme je l'ai mentionné précédemment, diffère de la *realpolitik* en ce qu'elle affirme la nécessité d'une ouverture au compromis en cas de conflit. Par conséquent, on ne trouvera dans une constitution pluraliste aucune valeur ou groupe de valeurs considérés comme suprêmes ou au-dessus de la négociation[23]. Les citoyens ne sont donc pas acculés aux types de choix manichéens que semblent exiger les diverses approches monarchistes. Par exemple, les Québécois nationalistes qui pensent que le libéralisme neutraliste de Trudeau représente bien l'idéologie libérale seront tentés de faire un choix tranché entre cette position et leur nationalisme, les deux leur paraissant incompatibles. Or, l'approche pluraliste suppose que rien n'est au-dessus (ou au-dessous) de la politique, et que toutes les valeurs conflictuelles deviennent, du moins en principe, négociables. Cela élimine la nécessité de faire des choix aussi draconiens et ouvre la porte aux compromis dans les valeurs mises de l'avant — on donnera préséance tantôt aux besoins de la nation, tantôt à la liberté individuelle. En conséquence, même si aucun tenant de la politique pluraliste n'est jamais entièrement satisfait, du moins personne n'est complètement perdant. Car selon la vision pluraliste, les citoyens ne s'appuient pas sur une fondation établie par un monarque soi-disant unifié ; ils se résignent plutôt à faire face aux inévitables fluctuations de la politique et acceptent la multiplicité des valeurs conflictuelles qui, pourrait-on dire, flottent le long de la rivière qu'est leur histoire politique. Comme l'hypothèse de départ (souvent implicite) du monarchiste est que le souverain unifié est en quelque sorte investi d'une essence divine[24], cela ne devrait surprendre personne si, en matière de religion, les philosophes pluralistes ont tendance à se montrer critiques du monothéisme et même, à l'occasion, à exprimer des sympathies pour le polythéisme[25].

II

Que nous penchions vers l'unité ou vers la pluralité, il y a selon moi un aspect fondamental commun à ces deux approches qui a contribué à notre incapacité à nous sentir un tant soit peu chez nous dans le paysage constitutionnel de notre pays. Essentiellement, elles contribuent toutes deux directement à générer non pas des règles expressives qui, seules, seraient susceptibles de favoriser l'avènement d'un tel chez-soi constitutionnel, mais des règles que je qualifierais de prescrites, c'est-à-dire des « règlements ».

Contrairement aux règles exprimant une pratique avec laquelle nous sommes profondément en accord, les règlements sont des prescriptions auxquelles nous nous conformons, à défaut de leur obéir de plein gré. Loin d'être l'expression de qui nous sommes, de notre identité, les règlements sont virtuellement séparés de nous ; le verbe « appliquer » est souvent utilisé pour décrire le mécanisme selon lequel ils guident nos pratiques. Un règlement, par conséquent, est une entité externe que l'on « applique » à un contexte afin de le rendre conforme à des prescriptions fixes, alors qu'une règle expressive demeure immanente, intimement liée aux fluctuations dudit contexte. En effet, les règles expressives, comme je le faisais remarquer au chapitre précédent, reçoivent notre accord d'une façon particulière : nous les « comprenons », et c'est la raison pour laquelle elles peuvent nous guider de façon presque préréflexive et constituer la source de cette « voix intérieure » qui nous incite à leur obéir, pour citer de nouveau Wittgenstein. C'est cette adhésion à ce que nous pourrions appeler « l'esprit » des règles expressives qui nous permet de savoir instinctivement comment les suivre dans les contextes les plus divers. Car ce type de règle, étroitement lié au contexte implicite de nos pratiques préréflexives, n'a pas besoin d'être explicité en détail. Les règlements, par contre, guident nos pratiques de façon entièrement différente, en faisant appel non pas à notre compréhension ou à notre adhésion, mais plutôt à notre « consentement ». Et le consentement, comme chacun sait, concerne la « lettre » plutôt que « l'esprit ». C'est donc sur « la lettre » des prescriptions d'un règlement que l'on se base quand vient le temps de l'appliquer dans différents contextes, et c'est pourquoi ces prescriptions doivent être très précises et très élaborées — on n'a qu'à penser au jargon juridique.

Tant l'approche monarchiste que l'approche polyarchiste donnent lieu à des règlements plutôt qu'à des règles expressives. La première, pour deux raisons fondamentales. Tout d'abord, il est implicite dans l'approche monarchiste que l'autorité souveraine, et donc ses décisions, sont jusqu'à un certain point séparées des peuples qui s'y soumettent. La Couronne, par exemple, est considérée comme séparée parce que le roi ou la reine transcende, du moins en partie, ses sujets, conception qui a ouvert la porte aux doctrines de l'absolutisme royal. Selon l'approche neutraliste, pour qu'une théorie soit objective, le philosophe qui l'élabore et les juges qui l'appliquent doivent être complètement désengagés des conflits et indépendants des personnes concernées. Les règles sont alors considérées comme des « objets » qui sont en un sens séparés ou indépendants des personnes ou des « sujets » (ce mot comporte ici un sens différent que lorsqu'il se rapporte à la Couronne) qui sont censés y consentir. On décèle ici la présence d'une épistémologie dualiste suivant laquelle il doit y avoir une certaine distance, voire même une aliénation[26], entre les règles et ceux qui s'y conforment. C'est pourquoi lesdites règles seront presque certainement prescrites. Un désengagement similaire est également nécessaire aux calculs instrumentaux de l'économiste, pour qui la main invisible de l'économie divine effectue une régulation qui ne peut être comprise selon la perspective des individus qui se font concurrence au sein du marché. Enfin, sous le règne d'un monarque démocratique, on confère au *demos* dans son ensemble une identité distincte de celle des individus qui le constituent, et c'est pourquoi on dit parfois, en partant de l'équation de Rousseau entre la liberté et la « volonté générale », que les personnes qui refusent d'obéir à cette volonté pourraient être « forcées d'être libres[27] ».

Cela nous amène à la deuxième raison pour laquelle la monarchie entraîne la mise en place de règlements : contre ceux qui refusent d'obéir, le monarchiste encourage l'usage de la force afin d'obtenir leur consentement ; il est donc certain que, même si ce consentement finit par être donné, les règles observées ne peuvent être considérées comme l'expression de l'identité de ceux qui s'y soumettent. La raison pour laquelle on a recours à la force est simple : comme le souverain d'où émanent les décisions est considéré comme juste, faire des concessions à ceux qui refusent de se conformer à ces décisions revient à céder à l'injustice. Pensons, par exemple, à l'explication donnée par Trudeau au sujet de sa tactique consistant à rapatrier seul la Constitution sans le consentement des provinces, ou aux personnes qu'il a choisies pour faire partie de son équipe, qui devaient être capables de faire preuve de ce qu'il considérait comme une rigidité nécessaire. «Disons simplement, expliqua-t-il plusieurs années plus tard, qu'à cette dernière étape il fallait presque un putsch, un coup de force[28]... » Si vous êtes persuadé de défendre une position qui est juste pour l'ensemble des personnes concernées, alors vous ne cèderez à vos adversaires que si cela vous permet, en bout de ligne, d'éviter de nuire à votre cause. Ainsi, les monarchistes sont beaucoup moins enclins à entreprendre des négociations que les polyarchistes — en particulier les polyarchistes pluralistes — qui, parce qu'ils rejettent au départ l'idée même d'une justice unique, sont beaucoup moins certains que leur point de vue soit le seul qui vaille. Décriant cette propension au compromis, les monarchistes auront plutôt recours à l'argument du «risque de dérapage», suivant lequel tout compromis, fût-il minime, ne fait qu'encourager l'adversaire à exiger davantage. Il n'y a qu'à penser aux innombrables occasions où cette attitude a été adoptée par les trudeauistes face aux revendications des nationalistes québécois. Ainsi, quand les monarchistes se trouvent dans une position où ils ne peuvent faire autrement que négocier, ils ont tendance, on le comprendra, à appliquer la ligne dure. Et il est d'autant plus probable que les personnes qui sont alors forcées de s'entendre avec eux se retrouvent en bout de ligne avec des accords qu'elles considèrent comme leur ayant été imposés, et avec des documents contenant des règlements auxquels elles doivent se conformer plutôt que des règles expressives qu'elles suivraient avec enthousiasme.

L'approche polyarchiste, elle aussi, ne mène dans le meilleur des cas qu'au consentement, c'est-à-dire à des règlements imposés plutôt qu'à de véritables rapprochements et donc à des règles expressives. Pour les polyarchistes, les règlements sont tout simplement de « petites pensées en quarantaine[29] » qui sont érigées entre les nombreux adversaires qui peuplent notre monde. Dans le cas de la polyarchie de type *realpolitik*, on peut évidemment être sceptique face à toute possibilité de rapprochement. Mais il en va de même de l'approche pluraliste, parce que la négociation, particulièrement si elle est pratiquée en toute bonne foi, exige de faire des concessions, et donc de se contenter d'ententes diluées par le compromis. Les personnes concernées, de même que ceux qu'elles représentent, seront par conséquent incapables de se sentir en accord, c'est-à-dire à l'aise, avec les accommodements auxquels on finira par en arriver. Ainsi, en partant de notre métaphore du chez-soi, nous pourrions dire que ces accommodements font davantage figure d'hébergement temporaire que de véritable foyer où les gens se sentent chez eux. Dans le contexte canadien, cette réalité ressort particulièrement clairement dans le compte rendu pluraliste qu'a fait Jane Jacobs de l'histoire des négociations constitutionnelles, où elle admet que

> même si les concessions mutuelles arrivent raisonnablement à dissimuler la douleur et le mécontentement, les accommodements eux-mêmes, imposés à chacun des partenaires et acceptés à contrecœur par ceux-ci, finissent par devenir de nouvelles sources de doléances et par alimenter le ressentiment[30].

Ainsi, étant donné que les résultats d'une négociation entreprise en toute bonne foi demeurent toujours en quelque sorte étrangers aux personnes concernées, il va de soi que l'on ne puisse y adhérer comme aux règles expressives constitutives d'un véritable foyer constitutionnel. Aux yeux du pluraliste, toutefois, il s'agit là ni plus ni moins de la nature de la politique, constitutionnelle ou autre, et il serait naïf d'espérer mieux.

Donc, que l'on adhère au monarchisme ou au polyarchisme, le résultat immédiat serait une constitution qui, aux yeux des citoyens, ferait figure de «logement» plutôt que de «foyer», une constitution construite à coups de règlements. Cependant, il serait faux de supposer que l'une ou l'autre de ces approches constitue un obstacle *permanent* à l'avènement d'un tel foyer. Car n'est-il pas vrai que, au bout de suffisamment de temps, «se conformer» peut devenir «comprendre», et donc que des règlements imposés au départ peuvent se transformer en règles expressives avec lesquelles les gens finissent par se sentir en accord? Il existe après tout des précédents importants en ce sens. Pensons à la décision rendue en 1954 par la Cour suprême des États-Unis contre la ségrégation raciale dans les écoles du Sud : un grand nombre de personnes ont dû, à l'époque, être forcées de se conformer à cette décision ou du moins subir des pressions en ce sens, mais ces réticences sont aujourd'hui en grande partie chose du passé. On pourrait aussi donner l'exemple biblique du pacte établi entre Dieu et les Israélites lors de l'exode. Selon une interprétation qui est devenue le fondement de la tradition rabbinique du judaïsme, les Israélites ont été forcés de se conformer à l'entente, Dieu ayant soulevé le mont Sinaï au-dessus de leurs têtes en menacé de les écraser s'ils n'acceptaient pas d'obtempérer. La réponse des Israélites, on le comprendra, ne s'est pas fait attendre : «Tout ce qu'a dit l'Éternel, nous le ferons et nous l'entendrons[31]». En exprimant ainsi leur volonté sans équivoque de se conformer dans l'immédiat aux principes de l'Alliance, les Israélites reportaient à plus tard le moment d'«entendre» ces principes, c'est-à-dire la compréhension éventuelle (ou non) du contenu du pacte et leur accord profond avec celui-ci[32].

On pourrait aussi comparer ce phénomène à l'apprentissage d'une langue. Comme chacun sait, on considère qu'un orateur possède une langue à fond lorsqu'il la parle naturellement, lorsqu'il a le sentiment qu'elle fait partie de son être au point de se sentir pleinement à l'aise quand il s'exprime : les expressions et les jurons qu'il emploie ont l'impact visé, les mots et les tournures lui viennent sans effort ni sans trop de réflexion. Lorsque cela se produit, les règles du langage sont devenues pour lui entièrement expressives : l'orateur les *comprend* réellement, car elles font dorénavant partie de qui il est. Au cours du processus d'apprentissage, quand nous essayons d'assimiler des constructions grammaticales ou de mémoriser du vocabulaire, plus nous sommes en mesure d'associer ce qui est nouveau avec ce qui est déjà intégré, c'est-à-dire avec ce qui nous est déjà familier ou que nous manions avec facilité, plus nous apprenons rapidement. Lorsque des mots ou des règles grammaticales nous dépassent complètement (par exemple un mot dont la sonorité nous est entièrement étrangère) ou nous paraissent problématiques (par exemple si la grammaire du nouveau langage ne permet pas d'employer le genre neutre), alors il nous sera d'autant plus difficile de les apprendre, de nous les approprier, de les manier avec aisance et de nous y habituer. Ainsi, chercher maladroitement ses mots ou se débattre avec une construction grammaticale dénote davantage l'observation d'un règlement que l'adhésion à une règle expressive. Par conséquent, moins il y aura de ces éléments aliénants dans le nouveau langage, et plus nous nous y sentirons chez nous rapidement. Mais si nous sommes prêts à changer, et si les usagers de cette langue ne sont pas trop puristes, même le langage le plus exotique peut devenir un véritable chez-soi servant à souder la communauté qui le parle, et pour qui il constitue un bien commun.

Mais une exigence importante doit absolument être satisfaite pour que des règles expressives apparaissent au bout d'une période prolongée d'obéissance à des règles prescrites : la communauté concernée doit *déjà* être hautement intégrée, ses membres adoptant et partageant dès le départ une même « forme de vie ». Si ce n'est pas le cas, ses membres seront peu motivés à se conformer durablement aux règlements, ce qui veut dire que ceux qui refusent de le faire devront être maîtrisés par la force, et la force, comme nous l'avons vu, ne peut mener à des règles expressives. Le fait de multiplier les règlements ne constitue pas non plus une solution, ceux-ci pouvant être aisément contrecarrés. Pensons, par exemple, à l'absurdité de la « règle 11 » du système de droit américain. Deborah Tannen en fait la description suivante :

> La règle 11 exige des avocats que leurs procédures et leurs requêtes soient réellement fondées ; la règle peut être invoquée si l'une des parties est d'avis que les procédures entreprises ou les requêtes présentées par l'autre partie constituent une forme de harcèlement. Mais la règle elle-même peut être utilisée pour faire du harcèlement : certains avocats présentent régulièrement des requêtes au titre de la règle 11, forçant leurs adversaires à répondre et leur faisant délibérément perdre temps et argent. Cette situation a porté les stratégies de protection contre le harcèlement à un niveau sans précédent : on a recours à la règle 11 pour contrer un recours à la règle 11[33] !

Vu la nature fondamentalement adversative du système de droit américain, les avocats n'ont jamais pu établir un réseau d'échange de pratiques étroitement intégré, et il est clair que la règle 11 a été conçue comme un moyen de compenser l'absence d'une conception commune de l'esprit de la loi. Mais la règle 11, de toute évidence, est de nature prescrite plutôt qu'expressive, et c'est pourquoi elle s'est révélée inefficace dans un tel contexte de discorde. Il est donc inutile d'adopter règlement après règlement, car seule une véritable compréhension entre les intervenants pourrait avoir l'effet escompté.

Même lorsqu'il existe une volonté de se conformer à un règlement, l'absence d'un mode de vie largement partagé complique les choses. Car la « lettre » d'un règlement, ce qu'il dit « littéralement », ne renvoie pas à une signification immuable et universelle, ce qu'aucun mot ne saurait exprimer. Le sens « littéral » constitue plutôt le sens qui nous vient le plus naturellement à l'esprit, « nous » se rapportant à une collectivité particulière prise à un moment et à un endroit bien précis. Mais si ladite collectivité est plus fragmentée qu'intégrée, alors le sens qui vient naturellement à l'esprit des gens différera d'un segment de la population à l'autre. Et plus il y aura, en raison de cette situation, de litiges sur la façon d'appliquer un règlement donné et de s'y conformer, plus il faudra de temps à ce règlement pour se transformer en règle expressive—en admettant que cela se produise. Il s'agit là d'une deuxième raison qui explique pourquoi les règlements, pourrait-on dire, parasitent les règles expressives, et pourquoi ils ne peuvent jamais, à eux seuls, évoluer pour se transformer en ce type de règles. Sans un contexte largement partagé, c'est-à-dire sans la présence, dès le départ, d'un certain nombre de règles expressives faisant l'objet d'un accord profond (ou de pratiques préréflexives communes qui ne sont même pas formulées sous forme de règles), les règlements sont non seulement inutiles mais difficilement applicables[34].

Les anciens Israélites constituaient sans aucun doute un groupe fortement intégré, comme l'étaient les nombreuses communautés juives de la diaspora au cours du Moyen-Âge (d'autant plus qu'elles se voyaient enfermées dans des ghettos)[35]. Cela veut dire que leurs dirigeants n'étaient pas obligés de recourir, pour assurer l'observation des lois, à cette menace des plus sévères qu'est celle de la punition divine[36]. Mais nous, Canadiens, n'avons jamais été aussi proches[37]. Sans bénéficier du puissant effet intégrateur d'une transformation créative comme celle qui est associée à l'épisode du mont Sinaï ou à l'expérience révolutionnaire de nos voisins du sud, notre histoire a été continuellement traversée par toutes sortes de forces centrifuges—tant dans les domaines militaire, politique et économique que dans les sphères géographique, environnementale et sociale—qui, toutes ensemble, ont constitué une puissante menace de désintégration. Et notre politique constitutionnelle, dominée comme elle l'a été par les approches monarchiste et polyarchiste, n'a certainement pas réussi à contrer cette menace. Ainsi, il serait difficile de nier que la stratégie d'unité nationale de Trudeau a contribué à nous diviser plus que jamais auparavant, et que le discours adversatif axé sur la négociation encouragé par les pluralistes canadiens n'a fait que miner davantage le peu de liens que nous avions (« Now that house was not a home/Since the poison she has spoken[38] » [Cette demeure n'est plus un foyer/À cause de ses mots empoisonnés]). Si nous, Canadiens, voulons un jour nous doter d'une constitution formée de règles expressives, il nous faudra assurément, pour y arriver, nous tourner vers autre chose que la monarchie ou la polyarchie.

III

Cependant, il existe une autre façon de faire. Il s'agit d'une approche en matière de politique et de constitution qui, comme celle des polyarchistes pluralistes, part de l'idée suivant laquelle la meilleure façon de composer avec les conflits politiques consiste à dialoguer et non à s'en remettre à une autorité souveraine, et qui, comme celle des monarchistes, vise à nous mener plus loin que simplement nous accommoder de nos divisions. Cette approche arrive à cumuler ces deux caractéristiques en s'appuyant sur une conception fondamentalement différente de la société politique, laquelle n'est vue ni comme une unité, ni comme une pluralité, ni comme un creuset, ni comme une mosaïque, mais comme quelque chose qui se situerait entre ces deux pôles. Selon cette conception, une société politique est un tout dont les parties ne constituent pas une pluralité d'éléments indépendants, mais une diversité de caractéristiques plus ou moins intégrées. Il s'agit d'une conception holistique mais non unifiée selon laquelle on accepte que des groupes et des modes de vie faisant partie d'un régime constitutionnel donné puissent légitimement entrer en conflit, sans pour autant être considérés comme des entités indépendantes qui s'affrontent et donc comme des adversaires dans un jeu à somme nulle. Ils sont plutôt des parties d'un tout qui représente pour eux un bien commun, un tout ouvert à des transformations susceptibles de bénéficier à l'ensemble de ses composantes.

Voilà une approche de la politique que je pourrais qualifier de « patriotique », en donnant à ce mot un sens résolument différent de celui que lui attribuent la plupart des gens. Les tenants d'une politique patriotique voient l'État et ses institutions non comme des outils de réglementation indépendants des citoyens, mais comme le siège de la citoyenneté prise comme un tout, c'est-à-dire l'expression du bien commun. En ce sens, comme je le faisais remarquer dans l'introduction, le patriotisme s'inscrit dans la tradition républicaine classique de la pensée politique, dont les représentants sont entre autres Aristote, Machiavel et, au cours du siècle dernier, Hannah Arendt[39]. Selon ces penseurs, la collectivité des citoyens est mieux servie lorsqu'elle recherche le bien commun de ses membres, l'un des meilleurs moyens d'y arriver étant la politique, laquelle consiste à répondre aux conflits par le dialogue. Contrairement aux républicains classiques, toutefois, les patriotes modernes acceptent que le dialogue puisse inclure une part de négociation, bien que, à la différence des pluralistes, ils croient que dans le cadre d'une négociation, il soit possible de se prononcer sur la justesse des accommodements atteints, c'est-à-dire déterminer si ces derniers conviennent à la société politique dans son ensemble.

Ceci dit, le patriote moderne, tout comme le républicain classique, croit aussi que les citoyens peuvent réagir aux conflits en adoptant une forme de dialogue complètement différente : la *conversation*. L'objectif d'une conversation n'est pas d'en arriver à un accommodement, mais plutôt à une compréhension mutuelle, ce qui exige une transformation des enjeux en présence par l'élaboration de nouvelles interprétations de leur sens afin d'en éclairer globalement le bien commun. Ce qui importe, c'est qu'il devienne ainsi possible aux interlocuteurs de vraiment *concilier* leurs différences ; les valeurs ou les biens en conflit ne sont pas soupesés les uns par rapport aux autres, pas plus qu'ils ne font l'objet d'un compromis, mais ils sont plutôt intégrés les uns aux autres, actualisés. On suppose donc qu'un certain progrès est possible en politique, qui passe par ce nous pourrions décrire comme un mouvement *vers l'unité, à plusieurs*. Car si les parties au conflit sont appelées à en arriver à un accord allant dans le sens de la réalisation du bien commun, elles doivent néanmoins éviter, ce faisant, de nier les différences, en reconnaissant que chaque personne a sa façon bien à elle de procéder, différente de toutes les autres. En effet, comme les valeurs ou les biens ainsi que les personnes qui les mettent de l'avant ne sont pas considérés au départ comme indépendants ou séparés les uns des autres, les conflits qui les opposent ne peuvent se comparer à des « affrontements » ou à des « collisions » comme chez les pluralistes (dynamique qui, comme je l'ai dit, s'apparente à celle d'un jeu à somme nulle) ; ils s'inscrivent à l'intérieur d'un tout organique en tant que partie de ce tout, lequel, comme l'existence de conflits l'indique clairement, n'est pas unifié. Pour le patriote, la présence de conflits signifie que des tensions ou des désaccords ont fait surface dans certains secteurs de ce tout, et un rapprochement ne peut avoir lieu que par la transformation de ce tout et, par le fait même, de ses parties[40].

En faisant tout leur possible pour développer des rapprochements au lieu de se contenter d'accommodements, les personnes qui participent à une conversation se comparent à des danseurs qui s'efforcent de bouger ensemble en harmonie avec la musique[41]. Lorsqu'ils conversent, les interlocuteurs essaient vraiment d'*apprendre* les uns des autres, d'en arriver à une entente qui leur permette de partager une même interprétation du sens et des implications réels de la question dont ils discutent (même si, encore là, cette compréhension et ce partage ne se feront pas exactement de la même façon pour chacun d'entre eux). Tout comme la danse n'a rien à voir avec une coordination de mouvements exécutés de façon indépendante par deux partenaires, un échange d'information entre deux interlocuteurs complètement coupés l'un de l'autre ne donnera jamais une conversation fructueuse. Car le but est toujours d'exprimer *ensemble* quelque chose qui a un sens pour eux, c'est-à-dire être en harmonie avec quelque chose qui compte, qu'ils partagent et qui, selon eux, représente au moins une partie de ce qu'ils sont. Pour arriver à faire véritablement corps l'un avec l'autre, les deux danseurs doivent être profondément ouverts l'un à l'autre ainsi qu'à la musique (qui, espérons-le, est celle sur laquelle ils ont envie de danser), et chacun d'entre eux doit bouger de façon à aider son partenaire à mieux épouser le rythme. De même, les interlocuteurs d'une conversation doivent être prêts à s'écouter les uns les autres jusqu'au bout et attentivement (et ne pas se borner à simplement entendre, type d'écoute plus limité qui permet au mieux de saisir les exigences présentées lors d'une négociation), et ce, à l'intérieur du contexte—la musique, bien que parfois discordante—de leur histoire commune. Et ils doivent aussi s'exprimer avec tact pour que chacun arrive à comprendre ce que l'autre dit.

Tout ce qui vient d'être dit devrait mettre en évidence les avantages qu'il y aurait à répondre aux conflits par la conversation. En fait, ces avantages sont potentiellement tellement grands que l'on exagérerait à peine en qualifiant d'égoïstes les interlocuteurs qui choisissent de converser. Car au terme d'une discussion réussie, les interlocuteurs, qu'ils soient faibles ou puissants, se retrouvent avec des positions qui ont été transformées—bonifiées plutôt que tronquées par le compromis— et qui, de ce fait, constituent une meilleure expression des biens en jeu qu'au début du conflit. Ainsi, les interlocuteurs qui entreprennent une conversation cherchent à en arriver à des règles expressives plutôt que prescrites, des règles qui expriment des pratiques tellement en harmonie avec toutes les autres pratiques acceptées qu'elles sont suivies de façon pratiquement préréflexive. Investies d'un pouvoir certain, les lois qui incarnent ce type de règles n'auront pas un caractère forcé car les citoyens les suivront naturellement et de plein gré, sans qu'il soit nécessaire de brandir une quelconque menace policière. Et n'est-ce pas là, après tout, la vraie mesure de la légitimité d'une loi : le pouvoir moral qu'elle possède d'inciter les citoyens auxquels elle s'applique de la respecter volontiers ?

Les patriotes ne sont pas les seuls à employer le terme « conversation » pour décrire la façon dont nous devrions aborder nos conflits politiques. Mais ceux qui emploient aussi ce terme ne lui donnent pas toujours le même sens, et ces différences, comme je vais le montrer, entraînent d'importantes divergences dans la pratique. Il existe trois groupes distincts de penseurs qui emploient le mot « conversation », mais ils se différencient du patriote sur un point fondamental : ils n'arrivent pas à faire une distinction adéquate entre conversation et « négociation ». En effet, non seulement ont-ils tendance à employer ces deux mots ainsi que les mots « dialogue », « discours » et « discussion » de façon pratiquement interchangeable, mais ils font souvent de même avec les mots « accommodement », « compromis » et « rapprochement ». Et pourtant, les différences sont cruciales.

Le premier groupe, curieusement, fait parfois une distinction trop tranchée entre conversation et négociation. Représenté au Canada par Alain Noël, Mark Kingwell, Simone Chambers et Matthew Mendelsohn, il préconise ce qui est souvent appelé une démocratie « délibérative » ou « discursive[42] », approche qui accorde un rôle central à ce qui est décrit comme une forme de dialogue fondamentalement non coercitif. Cette façon de faire est appelée tantôt « conversation », tantôt « négociation », mais elle est toujours opposée au « marchandage » (ou à la « négociation », ce qui porte à confusion), considéré comme coercitif. Sémantique à part, ce groupe veut surtout faire en sorte que les interlocuteurs qui sont en conflit s'écoutent l'un l'autre et cherchent à se comprendre, ce sur quoi le patriote n'a certainement rien à redire. Ce qui rend cette approche différente, toutefois, est que ses défenseurs affirment la nécessité d'avoir recours à une théorie neutraliste de la conversation pour dialoguer correctement ; une procédure systématique serait donc indispensable à toute conversation. Mais comme ladite procédure est théorique, elle est de nature prescrite plutôt qu'expressive et donc détachée de tout contexte pratique[43]. Or, un contexte pratique est précisément ce dont les gens ont besoin pour pouvoir juger adéquatement de ce qui est approprié et de ce qui ne l'est pas dans une conversation. Loin d'exiger le recours à un raisonnement théorique, ce type de jugement nécessite simplement un degré de sensibilité qui, selon moi, caractérise toute personne qui se fie à son bon sens. Bref, s'il est une chose à laquelle les interlocuteurs en présence devraient s'en remettre lors d'une conversation, ce n'est pas à une procédure théorique, mais au sens commun[44].

Quant au deuxième groupe de penseurs canadiens qui ont tendance à confondre conversation et négociation, on les entend souvent faire des suggestions plutôt nébuleuses, par exemple que le Canada devienne un endroit où « les négociations se déroulent non pas dans un esprit de marchandage intéressé, mais dans l'optique d'en arriver à des ententes mutuelles[45] ». Cela n'a rien pour étonner de la part d'un groupe dont l'approche se réclame, pourrait-on dire, *à la fois* de l'unité et de la pluralité, c'est-à-dire de la monarchie *et* de la polyarchie. Samuel V. LaSelva, par exemple, essaie de combiner ces deux éléments à l'intérieur d'une conception bien particulière du fédéralisme ; John Ralston Saul et Michael Ignatieff affirment la nécessité de créer un équilibre entre les deux, et Joseph Carens recommande de passer de l'un à l'autre dans un perpétuel aller-retour[46]. Au cœur de cette approche se trouve, comme on s'en doute, une sorte d'antinomie, dont ses tenants eux-mêmes sont de toute évidence conscients vu l'importance qu'ils accordent au «paradoxe» (LaSelva), à la «contradiction» (Saul), au «dilemme» (Ignatieff) ou au «déséquilibre réfléchi» (Carens). Conséquemment, il est pratiquement impossible d'établir un lien cohérent entre les positions philosophiques de ces penseurs et leurs politiques dans la pratique. Je suis même tenté d'aller plus loin en disant qu'il y a quelque chose d'essentiellement «postmoderniste» ici, même si je soupçonne que cette étiquette déplairait à la plupart des membres de ce groupe. Mais il reste que l'on nous demande d'adhérer à une démarche politique qui s'inspire en bout de ligne de l'idée essentiellement paradoxale d'«unité de la pluralité» ou de «variété dans l'unité[47]». Ce genre d'approche politique ne favorise certainement pas le type de dialogue susceptible d'engendrer une véritable compréhension mutuelle.

Le troisième groupe est représenté au Canada par Charles Taylor, Jeremy Webber, James Tully et Guy Laforest[48]. Étant donné que ces penseurs ne veulent rien savoir de la démocratie délibérative ni de quelque forme de monarchie que ce soit, je situerais leurs idées quelque part entre la polyarchie pluraliste et le patriotisme. Au chapitre de la pratique politique, toutefois, leur incapacité à faire une distinction adéquate entre conversation et négociation finit par les mener au pluralisme tout court. La raison en est simple : la conversation est un mode de dialogue extrêmement fragile. À moins que l'ensemble des interlocuteurs en présence ne soient prêts à s'exprimer et à s'écouter adéquatement, elle est inévitablement vouée à l'échec. C'est pourquoi il faut toujours demeurer vigilant face aux méthodes adversatives des négociateurs, d'autant plus que toute personne qui est en désaccord avec d'autres sur des sujets qui lui tiennent profondément à cœur — ce qui est le cas de pratiquement tous les acteurs politiques — aura tendance à adopter rapidement une attitude d'affrontement. Étant donné que la conversation repose sur un tout, sur un bien commun, et qu'elle a aussi pour but d'améliorer ce bien en le transformant, alors il faut faire le maximum pour protéger et préserver ce tout lorsqu'un conflit fait rage à propos de son sens profond. Or, les négociateurs cherchent par tous les moyens à faire des compromis en ce qui a trait à ce tout. Aussi ardue que puisse être la négociation, il est souvent beaucoup plus difficile de s'engager dans la profonde démarche de recherche et de questionnement de soi qu'exige la conversation. Mais nous pouvons à tout le moins affirmer que la fragilité de la conversation est inversement proportionnelle à la force des ententes auxquelles elle peut mener, car celles-ci sont l'expression de rapprochements beaucoup plus durables que ne le seront jamais les accommodements issus d'une négociation. La difficulté, toutefois, consiste à se rendre jusqu'au bout du processus.

Étant donné que je considère Taylor comme le penseur le plus patriotique du groupe, si j'arrive à démontrer que même les idées qu'il propose au sujet de la façon dont nous devrions répondre aux conflits politiques et du bien commun sur lequel repose cette réponse ne nous aident pas à relever ce défi, alors notre compréhension du patriotisme s'en trouvera d'autant plus approfondie. Pour débuter, disons que la difficulté, ici encore, tient au flou entretenu entre conversation et négociation — Taylor semble employer les deux termes en tant que synonymes. L'aspect problématique de cette confusion devient évident lorsqu'on examine de plus près en quoi consiste la négociation. Parmi ses différentes formes, il en est une qui, comme pour les tenants de la démocratie délibérative, équivaut au marchandage. Dans le contexte d'un marché, où cette pratique est encouragée, on s'attend à ce que les deux parties emploient toutes les ruses imaginables et appliquent toute la pression possible afin de servir leurs propres intérêts, lesquels, du moins à court terme, sont considérés comme largement distincts, voire même complètement divergents. Cette façon de faire n'est pas très éloignée de la conception pluraliste de la négociation, sauf en ce qui a trait à un aspect important, à savoir que cette dernière porte sur des conflits spécifiquement *politiques*, où les éléments en jeu sont à la fois d'intérêt public et incommensurables, donc impossibles à exprimer en des termes économiques réducteurs. La négociation patriotique diffère de cette approche en ce que le négociateur doit aussi prendre en compte la communauté politique dans son ensemble, car ce n'est qu'à la lumière de cette communauté que les accommodements peuvent être jugés non seulement justes ou injustes en regard du type de dialogue employé, mais aussi mieux ou pires sur le plan du contenu. La négociation patriotique, par conséquent, ne suppose pas l'indépendance potentielle des parties au conflit, car elle part de l'idée que, du moins jusqu'à un certain point, tous prennent part à un même bien commun[49].

Cependant, les accommodements auxquels on en arrive sont limités comparativement aux accords beaucoup plus profonds rendus possibles par la conversation patriotique. Car la négociation, nous l'avons vu, est au mieux une lutte pour l'atteinte d'un compromis, et ne permet pas d'arriver à la compréhension mutuelle qui va de pair avec un processus de rapprochement ou d'intégration. C'est pourquoi le patriote est d'avis que les négociations, même celles qui tiennent compte du tout, devraient être entreprises seulement *après* une tentative de conversation. En outre, quand il s'agit des bases fondamentales du tout, comme par exemple les principes invoqués dans le cadre des débats constitutionnels, il importe de s'éloigner le moins possible de la conversation. En effet, vu sa nature adversative, la négociation ne fait que confirmer les divisions de ce tout, alors que ce qu'il faut, en particulier quand il s'agit de la constitution d'un pays, c'est mettre l'accent sur ce qui est partagé en commun. Pensons à un couple marié qui se dispute. S'il est certainement fructueux pour les conjoints de négocier en toute bonne foi lorsqu'ils sont en désaccord sur des questions comme le partage des tâches domestiques, la négociation est au mieux inadéquate, et au pire subversive si elle porte sur l'un des principes fondamentaux sur lesquels repose leur relation. Car quand il s'agit des liens profonds qui unissent les gens, le marchandage et les concessions n'ont tout simplement pas leur place.

Et c'est ce qui rend les ambiguïtés de Taylor si problématiques. En ne faisant aucune distinction entre la négociation et la conversation, il ne nous incite pas à nous méfier des tactiques adversatives du négociateur et ouvre la porte à une approche politique qui, dans la pratique, sera rarement, sinon jamais, façonnée par la conversation. Cela est d'autant plus probable que Taylor fait référence aux positions avancées en matière de réforme constitutionnelle en employant parfois le terme « exigences », et aux conflits qui en découlent à l'aide du mot « affrontement[50] ». Mais pire que ces maladresses sémantiques sont les stratégies que Taylor recommande pour entreprendre un dialogue sur les principes fondamentaux de la Constitution au Canada. Dans son mémoire présenté devant la commission Bélanger-Campeau à la suite de l'échec de l'accord du lac Meech, il se prononce sans équivoque contre l'idée que le Québec se déclare souverain puis négocie ensuite avec le reste du pays, mais la solution qu'il propose en échange serait, selon moi, tout autant source de division : que le Québec lance un « ultimatum » au Canada exigeant une reprise de la conférence de Charlottetown de 1864, lors de laquelle les fondements de la confédération ont été établis ; Taylor ajoute qu'un rejet de cet ultimatum « signifierait la fin du pays[51] ». Taylor concède, toutefois, qu'une telle démarche produirait un « effet de choc » qui risquerait

d'indisposer l'interlocuteur et de le rendre peu enclin à discuter. Il pourrait donc être utile de jumeler l'ultimatum et une expression d'ouverture, reconnaissant que le Québec n'est pas seul à vouloir refaire le pays, que d'autres régions ont leurs propres ordres du jour, comme nous avons le nôtre, et déclarant que nous sommes prêts à écouter leurs revendications, comme nous attendons d'eux qu'ils écoutent les nôtres[52].

En dépit de cette évidente marque de sensibilité, l'«expression d'ouverture» suggérée par Taylor ne suffirait pas à compenser les dommages causés par l'ultimatum. Je ne pourrais en exprimer les raisons plus catégoriquement qu'en ces termes : la question qui se trouve au cœur d'une réelle conversation doit porter sur la nature du tout—sur le sens réel de ce qui est partagé—et non sur l'existence même de ce tout. L'ultimatum de Taylor, en revanche, soulève précisément la question de l'existence du Canada. En politique constitutionnelle, les ultimatums devraient être considérés comme des obstacles à la conversation, c'est-à-dire au mieux contre-productifs et au pire auto-mutilants. C'est aussi pourquoi ces Québécois qui veulent parler de réforme du Canada et de «renouvellement du fédéralisme» doivent être conscients qu'il est tout simplement hors de question d'envisager (ouvertement) la possibilité de leur séparation. Mais Taylor écrit : «Pour le Québec, il existe une grande question, trop bien connue et trop souvent à l'ordre du jour pour avoir besoin d'être décrite. Elle porte sur la décision de faire partie du Canada ou non et, dans l'affirmative, comment[53]?»

Soyons clair : je ne nie pas qu'il faille un jour en arriver à accepter la séparation du Québec du Canada si nous sommes incapables d'en arriver à un accord. Ce qui me paraît problématique, c'est que Taylor n'hésite pas à envisager cette possibilité ouvertement. En effet, je crois qu'en procédant ainsi, il remet en question l'existence même de ce tout qu'il cherche à transformer. Son incapacité à comprendre cela résulte directement de l'absence de distinction adéquate, chez lui, entre conversation et négociation.

Permettez-moi ici d'aller droit au but (au risque d'être un peu brusque) : s'il y a des Québécois qui craignent que d'autres Canadiens ne se rendent pas compte de la gravité de la situation constitutionnelle et refusent d'aborder les principes fondamentaux par la conversation, alors la plus grande menace qu'ils devraient être prêts à faire est qu'en cas d'échec, il devienne nécessaire non pas que le Québec s'en aille, mais que les autres Canadiens songent à se retirer. Car les Québécois, disons-le clairement, n'abandonneront jamais leur héritage canadien. Leur devise n'est-elle pas « Je me souviens » ?

Comment Taylor conçoit-il la communauté politique canadienne ? Quel effet aurait sur elle son appel à la conversation/négociation ? Si Taylor semble bien conscient de l'importance que l'ensemble des citoyens partagent un bien commun, son approche, qui suggère que lesdits citoyens se voient attribuer différentes « formules » de citoyenneté, va à l'encontre de cette idée, du moins jusqu'à un certain point. Pour Taylor, les autochtones et les Québécois doivent se concevoir comme des membres du Canada au même titre que les nations de la nouvelle Europe, ce qui veut dire qu'ils devraient considérer le pays comme un super-État et interagir avec lui par l'entremise de leur nation respective plutôt qu'à titre de citoyens individuels. Pour ce qui est des anglophones non autochtones hors Québec, toutefois, Taylor s'en remet à un modèle plus neutraliste hérité de la conception démocratique moderne qu'incarnent selon lui les États-Unis et la France, suivant lequel les rapports avec l'État s'appuient sur les droits et les devoirs individuels[54]. Bien qu'il n'y ait rien de mal à ce que les citoyens entretiennent des rapports différents avec leur État — quiconque rejette le modèle monarchiste ne peut faire autrement qu'être en accord avec ce principe —, je suis frappé de voir que, en mettant de l'avant une approche aussi dualiste, Taylor ne se montre pas assez « profondément diversifié », pour reprendre ses propres termes, car en bout de ligne il ne fait que contribuer à la perpétuation des « solitudes ». En effet, en ce qui concerne le Québec, sa recommandation est inappropriée pour les citoyens non francophones de la province, et même pour certains des francophones. Pour ce qui est du reste du pays, le fait d'englober l'ensemble des personnes qui y vivent dans une démocratie neutraliste moderne soi-disant unifiée revient en bout de ligne à leur enlever toute possibilité de prendre part à une même communauté politique que les autres Canadiens se situant à l'extérieur. Selon moi, Taylor ferait bien de souscrire aux critiques visant à déconstruire cette unité[55], et s'employer ainsi à faire tomber le mur qui, depuis 1982, s'élève entre compatriotes. Car les « solitudes », disons-le clairement, ne se rapprocheront jamais — seules le peuvent les parties d'un même tout. Quelles que soient les communautés auxquelles un individu appartient ou n'appartient pas, s'il est vraiment habité d'une volonté réelle de converser avec les autres en cas de conflit, alors cela signifie qu'il partage avec eux un même tout, et donc qu'il fait partie de ce que j'appellerais une « citoyenneté de nous ».

Il va sans dire qu'il ne faudrait surtout pas sous-estimer les difficultés inhérentes à toute tentative de conversation réelle avec nos concitoyens (et avec les citoyens des autres pays), ni oublier à quel point il est ardu de rester sur la bonne voie une fois le processus enclenché. Car la conversation est inutile si elle ne mène pas, au moins à l'occasion, à un rapprochement, à une intégration, et si elle ne permet pas aux personnes concernées d'en arriver à une meilleure interprétation, fût-elle imparfaite, du bien commun. La perfection a beau être le but du patriote, mais celui-ci est bien conscient qu'elle n'est pas de ce monde. Et pourtant, nous *pouvons* dire, dans un sens, que cette chose inaccessible constitue une « unité », et donc, ironiquement, suggérer que le patriotisme, en bout de ligne, se rapproche davantage du monothéisme que les diverses approches monarchistes. En effet, les monarchistes supposent à tort que l'autorité unifiée est *déjà* sur terre et qu'elle règne *déjà* ici-bas. Or, non seulement cette idée va-t-elle à l'encontre de l'eschatologie monothéiste, mais elle ouvre la porte à l'idolâtrie, du moins sous une certaine forme, étant donné que les monarchistes s'attendent à ce que les citoyens obéissent au souverain comme s'il représentait Dieu[56]. En outre, si les patriotes aspirent à l'unité, comme nous l'avons vu, ils s'efforcent néanmoins de ne pas négliger la multitude. Cette démarche me semble aussi pleinement compatible avec le monothéisme — dans la mesure, bien sûr, où celui-ci n'a jamais rejeté l'existence d'une multiplicité de dieux, mais n'a fait qu'affirmer la prééminence d'un seul[57].

Je n'ai nullement l'intention de proposer ici une argumentation religieuse en faveur (ou, comme certains l'interpréteront sûrement, à l'encontre) du patriotisme, même si ce serait, selon moi, tout à fait possible. Je cherche plutôt à mettre l'accent sur une idée beaucoup moins controversée (du moins espérons-le) : que ce serait idéal si nous, Canadiens, en arrivions à nous sentir davantage chez nous au sein de notre constitution. Nul doute que cet objectif remporterait l'adhésion tant des monarchistes que des polyarchistes. Mais ce que ces deux groupes ne voient pas, c'est que leur façon de répondre aux conflits — pour les monarchistes, plaider devant une autorité souveraine, et pour les polyarchistes, se battre avec des mots ou des armes — ne permettra pas de l'atteindre. En revanche, chaque rapprochement patriotique constitue un pas dans la bonne direction. Pour les patriotes, cet objectif est plus que valable et viable : il est *essentiel* que nous l'atteignions au moins approximativement si nous voulons que notre constitution soit considérée comme légitime. Et pour cela, les citoyens et leurs représentants doivent être prêts à converser entre eux et à s'efforcer de trouver des façons de se rapprocher et de danser au rythme d'une même musique, celle de la politique de leur pays. J'aimerais maintenant dire quelques mots sur cette musique telle que je l'entends, c'est-à-dire sur ce que nous, Canadiens, avons été, sur ce que nous sommes devenus et sur ce que nous pourrions sûrement être. Je veux parler des règles expressives que, selon moi, nous aurions avantage à suivre.

NOTES

1. Dans Deutéronome 6, 4, Moïse déclare : « Écoute, Israël, le Seigneur est ton Dieu, le Seigneur est Un », (ma traduction).
2. Sur la tendance à fonder une aspiration à la souveraineté sur un absolutisme théologique (souvent déguisé), voir Carl Schmitt, *Théologie politique (I. Quatre chapitres sur la théorie de la souveraineté)*.
3. Voir Ernst H. Kantorowicz, *Les deux corps du roi : essai sur la théologie politique au Moyen Âge*.
4. Voir David E. Smith, *The Invisible Crown : The First Principle of Canadian Government*.
5. Pour en savoir plus sur ce thème, voir Nicholas Lobkowicz, « On the History of Theory and Praxis », p. 14.
6. Voir, par exemple, Pierre Elliott Trudeau, *Trudeau : l'essentiel de sa pensée politique*.
7. Il existe toutefois des penseurs politiques qui, tout en s'inscrivant dans la tradition théorique neutraliste, affirment que des exceptions comme celles qui ont prévalu dans ces deux cas ne sont en réalité aucunement des exceptions, mais plutôt l'expression d'une compréhension adéquate de la tradition. Par exemple, Ronald Dworkin, dans la cinquième partie de son livre *Une question de principe*, a émis cette opinion au sujet des programmes de discrimination positive. Will Kymlicka, s'appuyant sur certains des arguments de Dworkin (voir *ibid.*, chap. 11), préconise la reconnaissance de droits spéciaux pour les groupes ethniques, ainsi que celle du caractère distinct de la nation québécoise et de l'autonomie gouvernementale des autochtones. Voir Kymlicka, *La citoyenneté multiculturelle : une théorie libérale du droit des minorités* et *La voie canadienne : repenser le multiculturalisme*. Pour ces deux penseurs, tout comme pour Trudeau, la justice neutraliste prend la forme idéologique du libéralisme, suivant lequel (une certaine conception de) l'autonomie et (de) l'égalité des individus se voit accorder un statut absolu et incontestable, tous les citoyens étant considérés comme acceptant ces principes de façon unifiée. Là où ces deux théoriciens diffèrent de Trudeau, c'est qu'en ce qui a trait à l'*application* de ces principes, différents arrangements sont considérés comme appropriés selon les groupes dont il est question, tout comme l'arbitre, au hockey, applique des règles différentes pour le gardien de but et pour les joueurs d'avant ou de défense. Ainsi, le traitement différentiel n'est pas perçu comme entrant nécessairement en contradiction avec le principe d'unité.
8. Trudeau, « A Constitutional Declaration of Rights », p. 54.
9. « Say Goodbye to the Dream of One Canada », le *Toronto Star*, 27 mai 1987.
10. Trudeau, *Le fédéralisme et la société canadienne-française*, p. vii (avant-propos).
11. Charte canadienne des droits et libertés.
12. Voir Aristote, *Les politiques*, 1292a10-12.
13. Alexis de Tocqueville, *De la démocratie en Amérique* 1, p. 109.
14. Voir Janet Ajzenstat et Peter J. Smith (dir.), *Canada's Origins : Liberal, Tory, or Republican?*, 3ᵉ partie.
15. Voir Peter H. Russell, *Constitutional Odyssey : Can Canadians Become a Sovereign People?*

16. Le terme « économie divine » vient d'Andrew Fraser, qui l'a employé dans son livre *The Spirit of the Laws : Republicanism and the Unfinished Project of Modernity*, p. 12. Pour une analyse du règne de la classe capitaliste au Canada rédigée dans le sillage du classique de John Porter, *The Vertical Mosaic : An Analysis of Social Class and Power in Canada*, voir l'étude de Robert J. Brym, « The Canadian Capitalist Class, 1965-1985 ». Pour un exemple de point de vue plus positif à l'endroit de ce monarque, voir Joseph Heath, *La société efficiente : pourquoi fait-il si bon vivre au Canada ?*

17. Voir, par exemple, Robert N. Bellah, *The Broken Covenant : American Civil Religion in Time of Trial*.

18. Ce qui constitue une nécessité selon Carl Schmitt, tel qu'il l'explique dans *La notion de politique*.

19. Voir Donald J. Savoie, *Governing from the Centre : The Concentration of Power in Canadian Politics*, et Jeffrey Simpson, *The Friendly Dictatorship*.

20. Northrop Frye, « Conclusion to a *Literary History of Canada* », p. 219.

21. Macdonald, discours prononcé lors de l'Assemblée législative du lundi 6 février 1865, p. 32.

22. Voir, par exemple, Isaiah Berlin, « Does Political Theory Still Exist ? » dans *Concepts and Categories : Philosophical Essays*.

23. En ce qui a trait au Canada, ce principe pluraliste a été affirmé avec force par Paul M. Sniderman, et autres, dans l'ouvrage intitulé *The Clash of Rights : Liberty, Equality, and Legitimacy in Pluralist Democracy*. Pour une autre analyse pluraliste du pays, voir Kenneth McRoberts, *Un pays à refaire — l'échec des politiques constitutionnelles canadiennes*.

24. D'où la remarque de Ian Hacking : « Je soupçonne que bien des admira-teurs de l'unité soient habités, au fond, par une motivation d'ordre entiè-rement théologique, même s'ils n'osent pas mentionner Dieu. Je souhaiterais qu'ils le fassent ! Cela aurait le mérite de mettre les choses au clair. » Hacking, « Disunited Sciences », p. 42.

25. Stuart Hampshire, par exemple, fait partie des premiers, et Martha Nussbaum, des seconds. Voir Hampshire, *Justice Is Conflict*, ch. 2, et Nussbaum, « Transcending Humanity », p. 370. C'est Max Weber, toute-fois, qui établit ce lien de la façon la plus explicite : « divers ordres de valeurs s'affrontent dans le monde en une lutte inexpiable. [...] lorsqu'on part de l'expérience pure on aboutit au polythéisme. » Weber, « Science as a Vocation », p. 147.

26. Voir A.J. Loughlin, *Alienation and Value-Neutrality*.

27. Voir Rousseau, *Du contrat social*, livre I, chapitre 7.

28. Cité dans Stephan Clarkson et Christina McCall, *Trudeau — vol. 1 : L'homme, l'utopie, l'histoire*, p. 257.

29. « ... small quarantined thoughts ». The Tragically Hip, « The Rules », dans *Phantom Power*.

30. Jacobs, *The Question of Separatism : Quebec and the Struggle over Sovereignty*, p. 8.

31. Il s'agit ici d'une traduction de Exode, 24, 7 associée à (une certaine concep-tion de) la tradition rabbinique. Voir *Talmud* (Sabbath, 88a-b), ainsi que les commentaires d'Emmanuel Lévinas dans son texte intitulé « La tentation de la tentation », en particulier à la page 92.

32. Je dis « compréhension éventuelle (ou non) » parce qu'il existe une tension au sein du judaïsme rabbinique en ce qui a trait à la mesure dans laquelle entendre ou comprendre (c'est-à-dire ce qui correspond aux règles expres-

sives, ou *mishpatim*) doit constituer l'objectif à atteindre. En effet, selon les descendants orthodoxes du judaïsme rabbinique en particulier, la capacité d'ouverture à l'esprit de Dieu (la *Shekhinah*) découlerait d'une obéissance méticuleuse à des règlements qu'on ne comprend pas (*hukkim*). Ces courants ont tous deux leur place au sein de cette forme de judaïsme. Pour en savoir davantage sur cette tension, voir David Hartman, *A Living Covenant : The Innovative Spirit in Traditional Judaism*, en particulier le chapitre 2.

33. Tannen, *The Argument Culture : Changing the Way we Argue and Debate*, p. 161.

34. Cela va dans le même sens que l'argument d'Émile Durkheim suivant lequel un partage de valeurs précontractuel et enraciné dans les traditions est nécessaire pour que les individus soient en mesure d'honorer des contrats. Voir Durkheim, *De la division du travail social*, livre premier, ch. 7, sect. 2.

35. Voir, par exemple, Max Weber, *Le judaïsme antique*, et Stephen Sharot, *Judaism : A Sociology*, ch. 1.

36. Voir Haim H. Cohn, « The Penology of the Talmud », p. 72.

37. Voir Andrew E. Kim, « The Absence of Pan-Canadian Civil Religion : Plurality, Duality, and Conflict in Symbols of Canadian Culture », pour une vue d'ensemble des divisions historiques qui ont traversé la société canadienne.

38. Scott Merritt, « Moving Day ».

39. Voir, par exemple, Aristote, *Les politiques*, Machiavel, *Discours sur la première décade de Tite-Live*, et Arendt, *Condition de l'homme moderne*. Je dirais, cependant, que le républicanisme classique possède également un aspect monarchiste, aussi étrange que cela puisse paraître, car il exige aussi que les régimes politiques soient dotés d'une fondation unifiée.

40. Pour en savoir davantage sur cette conception patriotique de la conversation, en particulier sur ses racines dans la philosophie herméneutique, voir mon livre *From Pluralist to Patriotic Politics : Putting Practice First*, surtout le chapitre 3.

41. Cette métaphore m'a été inspirée par Martin Heidegger, qui conçoit la conversation comme un processus interprétatif consistant à « rassembler » tout ce qui doit être interprété, c'est-à-dire à le concilier avec le « jeu de miroir » du « monde », processus qu'il compare à une « ronde ». Voir Heidegger, « La chose », et aussi Charles Taylor, « The Dialogical Self ».

42. Voir par exemple Noël, « Deliberating the Constitution », Kingwell, *A Civil Tongue : Justice, Dialogue, and the Politics of Pluralism*, Chambers, « Contract or Conversation : Theoretical Lessons from the Canadian Constitutional Crisis » et Mendelsohn, « Public Brokerage : Constitutional Reform and the Accommodation of Mass Publics ».

43. Jürgen Habermas, l'un des fondateurs de cette approche, a décrit en ces termes les dialogues qui sont régis par les règles de la démocratie délibérative : « Les discours sont des îlots dans une mer de pratiques. » Habermas, « A Reply to my Critics », p. 235.

44. Pour une critique détaillée de la démocratie délibérative, voir mon article « Patriotic, not Deliberative, Democracy ».

45. Joseph Carens, « Dimensions of Citizenship and National Identity in Canada », p. 120.

46. Voir LaSelva, *The Moral Foundations of Canadian Federalism : Paradoxes, Achievements, and Tragedies of Nationhood*, en particulier le chapitre 9, Saul, *Réflexions d'un frère siamois : le Canada à la fin du XXᵉ siècle*, en particulier le cha-

pitre 6, Ignatieff, *La révolution des droits*, en particulier le chapitre 3, et Carens, *Culture, Citizenship, and Community : A Contextual Exploration of Justice as Evenhandedness*, en particulier le chapitre 1.

47. La première expression vient d'Emmanuel Lévinas, et la deuxième de Richard Rorty, qui figurent tous deux parmi les principaux penseurs de la postmodernité. Lévinas, *Totalité et infini : essai sur l'extériorité*, p. 342, et Rorty, *Achieving Our Country : Leftist Thought in Twentieth-Century America*, p. 25.

48. Voir, par exemple, Taylor, *Rapprocher les solitudes : écrits sur le fédéralisme et le nationalisme au Canada*, Webber, *Reimagining Canada : Language, Culture, Community, and the Canadian Constitution*, Tully, « Diversity's Gambit Declined », Tully, *Une étrange multiplicité : le constitutionalisme à une époque de diversité*, et Laforest, « Se placer dans les souliers des autres partenaires dans l'union canadienne » et « Nécessité et conditions du dialogue ».

49. Cela semble être la forme de dialogue auquel Webber en appelle lorsqu'il fait référence, en alternance, à la « conversation » et à la « négociation ». Voir Webber, *Reimagining Canada*, en particulier les pages 118-119.

50. Voir, par exemple, Taylor, « Convergences et divergences à propos des valeurs entre le Québec et le Canada », p. 192-3-4, et « Les enjeux de la réforme constitutionnelle », p. 167-168, tous deux dans *Rapprocher les solitudes*.

51. Taylor, « Les enjeux de la réforme constitutionnelle », p. 176.

52. *Ibid.*

53. Taylor, « Convergences et divergences à propos des valeurs entre le Québec et le Canada », p. 183.

54. Voir *ibid.*, p. 202-213, et Taylor, « Des obstacles sur la route du Canada », dans *Rapprocher les solitudes*, p. 229-230.

55. Voir, par exemple, Laforest, *Trudeau et la fin d'un rêve canadien*, ch. 6, pour le début d'une telle déconstruction. Peut-être Laforest, en tant que Québécois, considère-t-il que ce n'est pas à lui qu'il revient d'aller jusqu'au bout de cette démarche ; en tant que Canadien anglais, je n'éprouve pas ce genre de scrupule.

56. Voir François Guizot, *Philosophie politique : de la souveraineté*, parties 1-4.

57. Voir, par exemple, Psaumes, 95, 3. En fait, comme l'a fait remarquer le théologien chrétien Peter L. Berger, même Paul, qui écrivait à une époque où le judaïsme était certainement devenu une religion pleinement monothéiste, était capable d'accepter l'existence d'une multiplicité de dieux : « Car s'il est des êtres qui sont appelés dieux, soit dans le ciel, soit sur la terre, comme il existe réellement plusieurs dieux et plusieurs seigneurs, néanmoins pour nous il n'y a qu'un seul Dieu. » (1 Corinthiens 8, 5-6). Voir Berger, « Cakes for the Queen of Heaven : 2,500 Years of Religious Ecstasy », p. 200.

2

Qui nous étions

I

Ainsi donc, le patriote en appelle à plus de conversation en politique, plus d'écoute, plus de rapprochements réels. Voilà qui est
fort bien, mais comme on pourrait s'y attendre, il y a loin de la
coupe aux lèvres. En effet, il faudra beaucoup plus que des exhor-
tations pour démontrer que cette approche non seulement
convient mieux que les autres à notre pays, mais aussi qu'elle
est réaliste et viable. Le premier de ces deux objectifs — expliquer en quoi le patriotisme convient à la situation canadienne —
fait l'objet du présent chapitre et du suivant, tandis que la
question de la viabilité sera abordée dans les deux derniers.

Mon idée de départ est que le patriotisme reflète davantage
ce que nous avons été, en ce sens qu'il permet de mieux rendre
compte de notre histoire que les approches monarchique et
polyarchique. Non pas que les Canadiens aient particulièrement su répondre par le passé à leurs conflits politiques par la
conversation ; je veux plutôt dire ici qu'une conception patriotique du Canada — tant du pays pris comme un tout que de ses
parties — demeure plus juste que celles qui s'appuient sur les
deux autres approches.

Fondamentalement, le compte rendu patriotique de notre histoire que j'offre ci-après vise à étayer la position que voici : en ce

qui a trait à nos origines, l'idée des « deux peuples fondateurs », qui est longtemps demeurée un principe incontesté de l'histoire canadienne[1], est une fausseté, et l'a toujours été. Comme nous le verrons, c'est aux monarchistes que l'on doit l'idée des peuples « fondateurs », et aux polyarchistes l'idée selon laquelle il en aurait « deux ». Mais les uns comme les autres ont tort.

Une fondation, comme nous l'avons vu, est une sorte de plate-forme solide sur laquelle se déroulent les pratiques sociales et politiques quotidiennes. On la dit constituée d'une autorité souveraine unifiée, c'est-à-dire une forme ou une autre de monarque, qui, en sa qualité d'entité refermée sur elle-même, demeure coupé des divisions qui traversent la politique de tous les jours. Mais tout cela, comme je l'ai déjà affirmé, est un mythe, un mythe qui, évidemment, est incompatible avec la mise en œuvre d'une politique patriotique.

Comparons maintenant les mythologies, la nôtre et celle des États-Unis. L'histoire américaine commence avec l'arrivée des pèlerins à bord du *Mayflower* ; ils apportent avec eux les idéaux religieux du « Grand Réveil », suivant lesquels ils seraient des hommes fondamentalement différents des Européens laissés derrière et auraient été choisis par Dieu pour réaliser une destinée hors du commun dans une nouvelle colonie. Ce sentiment de différence est attisé par la guerre révolutionnaire d'indépendance, qui vient renforcer l'idée que le pays a été créé à partir d'une coupure nette avec l'Europe et l'établissement de quelque chose de *nouveau* sur le continent. À la base de cette nouvelle entité se trouve une fondation, dont les principes sont énoncés dans les documents fondateurs du pays, lesquels renferment, aux yeux des nouveaux Américains, une série de principes suprêmes et absolus qui se situent au-delà du dialogue inhérent à la vie politique de tous les jours. Comme nous l'avons vu, le « We, the people » qu'on trouve au début de la Constitution américaine est souvent considéré comme l'attestation d'une conception monarchiste démocratique de cette fondation, bien qu'il soit également inscrit, dans la Déclaration d'indépendance, que ce « nous » tient certaines vérités « évidentes par elles-mêmes », ce qui laisse également supposer la présence d'un monarque théorique. Bien que ce dernier aspect ait été interprété différemment — soit comme l'expression des droits abstraits et systématiquement imbriqués d'un Locke ou d'un Kant, soit comme une forme moderne de la république idéale de Machiavel[2] —, il est toujours considéré, au même titre que le monarque démocratique, comme inhérent à la fondation du pays. Ainsi, bien des gens conçoivent l'Amérique comme un îlot refermé sur lui-même qui a réussi à s'élever au-dessus des eaux chaotiques de l'histoire quotidienne.

L'adoption d'une constitution, toutefois, n'allait pas marquer pour autant le parachèvement de la fondation de cet îlot. Car la civilisation représentée par les treize colonies ne s'était pas encore étendue d'est en ouest, processus qui a nécessité de faire progresser une « frontière » d'un bout à l'autre du continent. D'abord considérée comme la lutte du pionnier pour conquérir la nature sauvage au nom de la civilisation, cette aventure a plus tard fait l'objet d'une interprétation proposant une vision beaucoup moins antagoniste des choses, soit une sorte de communion romantique avec la nature, idée que l'on retrouve dans les écrits des transcendantalistes américains, dont Thoreau était le chef de file — avant, bien sûr, qu'il ne fasse quelques incursions dans les denses forêts de la région septentrionale du Maine et qu'il acquière une vision de la nature moins naïve et donc plus nuancée. Cette position à laquelle Thoreau en est arrivé plus tardivement est la conception de la frontière qui a fini par s'imposer. Elle suppose à la fois une domestication de la nature en vue de la façonner aux besoins de la civilisation, et, en retour, une transformation romantique de ceux qui réalisent cette domestication. Or, seule la nature nord-américaine, en raison de son caractère unique, pouvait rendre possible une telle transformation. Cette théorie a eu pour effet de renforcer encore davantage l'idée de « coupure d'avec l'Europe », d'autant plus que le caractère distinctif de l'Amérique a atteint son point culminant lorsque la frontière a été officiellement fermée à l'arrivée des colons sur les rives du Pacifique, événement qui a coïncidé avec le recensement américain de 1890[3].

À partir de là, d'aucuns ont cru la fondation américaine dorénavant bien établie, et son sens clairement et définitivement exprimé dans les textes constitutionnels fondateurs. Par la suite, l'industrialisation de la société américaine a contribué à ancrer davantage la croyance selon laquelle la nature sauvage subsistante était une entité extérieure à la civilisation dorénavant complètement établie, et qu'elle devait être assujettie, comme il se doit, au contrôle technologique de cette dernière. Mais tout ça, encore une fois, n'est qu'un mythe, qui par ailleurs a été fondamentalement remis en question à deux reprises. La première remise en question provenait de facteurs extérieurs aux textes fondateurs : la frontière américaine, affirmait-on, ne s'arrêtait pas au Pacifique, car elle avait pris des formes non géographiques, la civilisation américaine ayant rencontré de nouveaux « autres » qui différaient grandement de la nature sauvage qu'elle avait dû traverser lors de son avancée vers l'ouest. On peut parler par exemple des transformations survenues au lendemain de la guerre de Sécession, de l'avènement, en raison de l'immigration, d'un multiculturalisme que certains on vu comme une subversion aux principes politiques individualistes de la Constitution, des effets profonds et marquants du New Deal et du mouvement des droits civils des années 1960, de l'impact de la mondialisation croissante des marchés combinée à la rapidité des avancées technologiques et de la frontière de l'après-guerre froide symbolisée par la chute du mur de Berlin[4]. L'autre remise en question est venue de l'intérieur : étant donné que coexistent, comme nous l'avons vu, au moins deux monarques rivaux dans les textes constitutionnels — le *demos* et la théorie[5] —, et que par conséquent les conflits entre les deux demeurent toujours possibles, ces textes seront toujours susceptibles de faire l'objet de nouvelles interprétations. Tant que continueront à faire rage les débats sur leur sens — et il n'y a aucune raison de croire qu'il en sera jamais autrement —, il sera difficile d'accepter qu'ils constituent une fondation vraiment solide pour le pays.

Au nord, la mythologie entourant la fondation du pays est entièrement différente. L'absence d'une révolution anti-européenne signifiait que tant la Nouvelle-France que l'Amérique du Nord britannique étaient, comme leur nom l'indique, considérées comme des prolongements de l'Europe en Amérique du Nord, comme des « jardins » importés cultivés dans un sol nouveau par les couronnes souveraines d'Europe. Aussi les penseurs monarchistes d'Amérique du Nord britannique n'ont-ils pas trouvé à l'époque leur inspiration auprès de Machiavel ou de Locke, mais plutôt de Burke[6]. Car comme bien des observateurs l'ont fait remarquer, la continuité historique a longtemps servi de légitimité aux Canadiens[7]. Ainsi, comme l'affirme Seymour Martin Lipset, à la suite de Russell M. Brown, si les États-Unis représentent « l'Adam innocent qui a commencé sans tradition aucune », le Canada s'apparente davantage à « Noé, qui a connu un nouveau départ, mais en traînant derrière lui tout le poids d'une histoire en faillite[8] ».

Bien sûr, comme celle des Américains, notre fondation a elle aussi dû faire un périple d'est en ouest avant d'être considérée comme complète, ce qui veut dire qu'il nous a fallu, nous aussi, nous mesurer à notre propre nature sauvage. À l'époque, les colons de la Nouvelle-France adoptaient à l'égard de cette dernière deux attitudes complètement opposées, qui se manifestaient dans la division spirituelle clairement affirmée entre, comme on les appelait alors, les « moutons » de la ville de Québec et les « loups » de Montréal[9]. La ville fortifiée de Québec, lieu de l'Habitation de Samuel de Champlain, était le siège du jardin chrétien civilisé que l'on considérait avoir été importé d'Europe. Selon Heinz Weinmann, ces murs auraient été construits dans l'intention de « tracer une ligne nette entre culture et non-culture, être et non-être » et dans le but « d'exorciser les velléités d'altérité[10] », dont la manifestation la plus évidente était la « sauvagerie » de l'autochtone. Weinmann suggère que les murs de la ville ont également servi à fonder quelque chose de nouveau, mais selon moi, au lieu de réellement marquer le début de quoi que ce soit, ils ont plutôt contribué à tracer une ligne de démarcation nette entre ce qui *était* réellement nouveau, soit la nature sauvage qu'on tentait de maintenir à l'extérieur, et la parcelle importée du vieux monde qui se trouvait à l'intérieur. Weinmann fait tout de même remarquer que les colons avaient tendance à mettre l'accent sur leur lien avec la mère patrie, ce à quoi nous pourrions ajouter l'observation de Sophie-Laurence Lamontagne, suivant laquelle les pionniers restaient souvent, et parfois désespérément, attachés aux mœurs et à la mode vestimentaire européennes, au point de porter, malgré la froidure hivernale, des vêtements totalement inappropriés[11].

Mais alors que le « mouton » de Québec n'aspirait à rien de plus que demeurer installé le plus confortablement possible dans l'enceinte de la ville, les « loups » de Montréal avaient d'autres ambitions. Comme l'explique Weinmann, à l'époque, la ville de Montréal laissait « pénétrer le pays sauvage tout entier[12] », les autochtones, les chasseurs et les coureurs des bois y entrant et en sortant librement. Montréal se considérait par conséquent plus comme un avant-poste que comme une base de défense, comme une ville ouverte habitée par un réel esprit d'aventure, à l'antithèse des distinctions instituées par la ville de Québec entre l'habitant et l'autre, le civilisé et le sauvage, le colon sédentaire et le nomade[13]. Et de fait, c'était de Montréal que partaient en expédition la plupart des coureurs des bois de l'époque, ces courageux entrepreneurs et explorateurs qui, comme nous le rappelle Stan Rogers, « traçaient de chaleureux sillons à travers cette terre rude et sauvage[14] ».

Ces sillons, comme l'a montré Harold Innis, ont constitué le squelette sur lequel la chair d'un futur Canada allait par la suite se rattacher[15]. En bout de ligne, cela s'est réalisé grâce à un processus qui, selon mon interprétation, s'appuyait sur les caractéristiques à la fois du mouton et du loup : la progression ininterrompue, vers l'ouest, de ce que Northrop Frye a appelé la « garnison » canadienne[16]. Car on peut dire qu'à l'instar de Québec, ville des moutons, la garnison abritait une sorte de jardin européen, et que tout comme les loups, elle était constamment en mouvement. Remarquez que, comme le suppose cette métaphore militaire, la relation entre civilisation et forêt sauvage est considérée ici comme en étant une d'opposition fondamentale, ce qui veut dire que, contrairement au processus d'établissement de la frontière américaine (où, répétons-le, la civilisation ne fait pas que façonner à son image la nature qu'elle traverse, mais est également façonnée par elle), l'avancée de la garnison représente une lutte visant à faire progresser non pas une frontière, mais une « ligne de démarcation » d'un bout à l'autre du continent, une délimitation qui est censée, à mesure qu'elle se déplace, maintenir une séparation claire entre civilisation et nature. Cette conception s'explique notamment, on s'en doutera, par le fait que l'environnement naturel canadien était beaucoup plus sauvage, plus rude et plus inhospitalier que celui des régions situées plus au sud, et qu'il n'inspirait par conséquent aucun désir de communion romantique. Il fait décidément trop froid ici.

D'où le caractère fort pertinent des écrits de Margaret Atwood sur le thème de la « survivance », lequel s'agence bien à l'idée de garnison élaborée par Frye. Au début, toutefois, comme l'a montré sa célèbre étude sur la littérature canadienne (surtout anglaise), un grand nombre de colons tentaient de nier cette dure réalité, en se convainquant que l'environnement auquel ils faisaient face était une sorte de mère divine wordsworthienne et constituait une sorte un jardin européen.

Comme l'a écrit Susanna Moodie, par exemple :

> La journée précédente avait été sombre et orageuse. La brume épaisse nous avait masqué entièrement la chaîne de montagnes qui forme un arrière-plan extraordinaire à ce panorama sublime. Une sensation de délice et d'émerveillement envahit mon esprit alors que les nuages s'éloignaient de leurs grises arcades chaudes et s'accrochaient aux ombres plus denses de la vaste forêt qui leur formaient une jupe, se dressant tout à coup comme des Titans prodigieux—Titans de la terre, dans toute leur splendeur déchiquetée et terrible. Le spectacle flottait vaguement devant mes yeux qui s'emplissaient de larmes— aveuglés par tant de beauté. Je me tournai vers la droite, la gauche et suivis du regard la course de ce fleuve majestueux ; jamais je n'avais embrassé autant d'objets extraordinaires dans un tout aussi grandiose ! La nature avait déployé ses plus nobles atours pour produire ce spectacle enchanteur[17].

Ces images, toutefois, même chez Moodie, ont fini par battre en retraite devant les dures réalités du Grand Nord canadien. On en est venu à voir la nature, pour reprendre le terme d'Atwood, comme un « monstre ». Il ne s'agissait certainement pas d'un monde où on avait envie d'établir une simple frontière ; on espérait plutôt tracer une ligne de démarcation exerçant une protection contre le péril environnant, un trait mince mais solide dont la fonction était de faire une distinction nette entre le Canada et la nature ainsi que la république située au sud. Comme le dit Ian Angus, pour les Canadiens, le « moment civilisateur » est venu avec « l'établissement d'une limite, d'une ligne de démarcation qui a créé une séparation entre ici et là, "là" apparaissant clairement comme l'Autre[18] ». Le Canada était donc considéré comme une contrée qui tenait tant bien que mal à l'intérieur d'une garnison, sans cesse menacée par la sauvagerie et les crimes de lèse-majesté dont on supposait l'existence à l'extérieur, c'est-à-dire dans l'environnement naturel et chez les Américains. Sur une telle fondation, le jardinage n'allait de toute évidence pas être de tout repos ; souvent, on avait l'impression que pour arriver à établir un « ordre et une discipline célestes ici-bas », il faudrait rien de moins que terrasser des « monstres sataniques[19] ». Tous ces « autres » rencontrés du mauvais côté de la ligne de démarcation ne méritaient donc que d'être écrasés, ce qui se produisait, pour la plupart d'entre eux, toutes les fois qu'ils se butaient au rouleau compresseur qu'était (et qu'est souvent encore) l'autorité souveraine de la garnison canadienne.

Il existe une autre différence importante entre le processus qui a présidé à notre soi-disant fondation et celui qui s'est déroulé chez les Américains. Lorsque notre garnison, et donc la ligne de démarcation la séparant de la nature, a atteint le Pacifique, aucun Canadien n'aurait jamais même songé à suggérer que notre bataille avec ladite nature était terminée, et donc que l'entreprise associée à cette bataille pourrait être arrivée à son terme. Cela, bien sûr, s'explique par une réalité incontournable, à savoir qu'il est impossible d'arriver à réellement maîtriser la nature de notre pays, ce avec quoi ne manqueront pas d'être d'accord toutes les personnes qui connaissent le Nord (bien qu'une tempête de verglas montréalaise arriverait également à en convaincre plus d'un)[20]. De plus, aucun de ces « autres » qui se sont fait les défenseurs de la nature n'ont jamais été complètement défaits par notre processus « civilisateur ». Les trois « autres » que je nomme ci-après nous ont enjoints, chacun à leur façon, de rejeter complètement la séparation entre nature et civilisation imposée par l'esprit de garnison.

Le premier est une conception de la nature enracinée dans les traditions autochtones et qu'ont reprise à leur compte les mouvements environnementalistes tels que Greenpeace, fondé au Canada[21]. Nous pourrions interpréter cette position comme un appel à la réaffirmation de certains aspects du « Kanada », ce pays iroquois où a débarqué Jacques Cartier, et auquel fait allusion Leonard Cohen dans son roman à thématique autochtone

Les perdants magnifiques (1966), lorsqu'il déclare que « le Canada est devenu une colonie royale de la France en 1663[22] ». Il s'agit d'une conception de la civilisation qui relève d'une cosmologie animiste, selon laquelle l'homme ne fait qu'un avec la nature. Que l'on adhère ou non à cette vision des choses, il y a certainement de quoi se réjouir, comme je vais le montrer plus loin, de ce qu'elle ait su maintenir une présence importante durant toute l'histoire canadienne, nos peuples autochtones n'ayant pas été décimés de manière aussi draconienne que chez nos voisins du sud.

Le deuxième « autre » est notre propre forme de frontiérisme, fruit de la fusion entre une civilisation venue d'Europe et l'environnement naturel d'Amérique du Nord. Née dans l'ouest des Prairies, cette solution de rechange à la mentalité de garnison nous vient des Métis et des immigrants qui ont peuplé la région comme les colons de la rivière Rouge, établis en 1812 sur la concession de Lord Selkirk, de même que des colons en provenance des États-Unis. Tous avaient pour but de s'adapter harmonieusement à ce coin de pays jalonné de plaines à perte de vue, qui n'avait pas le caractère menaçant des denses forêts du Canada central. Le résultat, comme l'explique Barry Cooper, était une « expérience de colonisation qui s'apparentait à bien des égards à celle de l'établissement d'une frontière », car dans l'Ouest, « l'esprit de garnison était très peu présent ; la survivance n'était pas le thème dominant, sauf en cas de circonstances extrêmement défavorables, et ne tardait jamais à céder la place à un état d'esprit ouvert aux nouveaux commencements[23] ». La technologie a donc pu être déployée de façon à s'adapter au milieu plutôt qu'à le domestiquer, au sein d'une économie basée sur l'extraction des ressources plutôt que sur la transformation industrielle[24]. « Not just a platform for my dance[25] » : voilà qui pourrait résumer la façon dont les habitants de l'Ouest considéraient le monde naturel dans lequel ils évoluaient, vision diamétralement opposée à celle, tributaire de l'esprit de garnison, qui dominait dans le centre du Canada. Il n'est pas étonnant, dans ce contexte, que celui-ci ait éprouvé le besoin d'envahir celui-là, en commençant par assujettir la colonie de la rivière Rouge, puis en réprimant la rébellion menée par Louis Riel[26]. S'est ensuivi l'établissement de la Police à cheval du Nord-Ouest puis de la Gendarmerie royale du Canada, créées dans le but de contenir les troubles sociaux, dans l'Ouest ou ailleurs. En fait, aujourd'hui encore, ces forces policières, lorsqu'elles sont employées de façon abusive, sont parfois vues comme la personnification du pouvoir dominant de la garnison, car c'est à elles qu'on fait appel en premier chaque fois que ce pouvoir se considère menacé[27].

J'ai déjà mentionné que chez nous, le soi-disant processus civilisateur consistant à repousser toujours plus loin la ligne de démarcation de la civilisation n'avait pas pris fin sur les rives du Pacifique. À cette époque, la garnison canadienne s'était néanmoins notablement consolidée et renforcée, en particulier sous l'impulsion des avancées technologiques de l'heure. L'industrialisation qui a marqué le dix-neuvième siècle a entraîné avec elle des avantages importants, mais non sans avoir un certain nombre d'effets troublants, qui ont encouragé l'avènement d'une vision de la nature moins menaçante et de plus en plus proche de la conception qu'en avaient les Américains au lendemain de l'établissement de leur frontière. On en est venu à voir la nature comme une saine solution de rechange à la vie urbaine; de plus, on considérait dorénavant qu'elle était menacée par la civilisation et non plus une menace pour elle, la technologie commençant à empiéter gravement sur l'environnement[28]. Sous l'impulsion des possibilités croissantes créées par l'instrumentalisation, la ligne jadis mince qui délimitait les contours de la garnison était devenue plus épaisse, plus solide, la rendant donc encore mieux en mesure de soumettre l'environnement naturel qu'elle rencontrait sur son passage. Au cours du vingtième siècle, bien des gens ont commencé à attribuer à cette évolution l'aliénation qu'ils ressentaient non seulement face à la nature qui se trouvait à l'extérieur, mais également face à leur être intérieur, leur propre corps. De troublantes ramifications socioéconomiques ont également été relevées[29], de même que d'autres, d'ordre politique, qui touchaient au cœur même de la mentalité de garnison. Ainsi, la porte était dorénavant ouverte à l'avènement du libéralisme fonctionnaliste neutraliste d'un Trudeau, ce qui voulait dire qu'un nouveau monarque théorique allait tenter de devenir souverain et de s'asseoir sur le trône, au centre de cette grande table qu'est la fondation du Canada.

Préoccupé par cet état de choses, à l'instar des autochtones et des habitants de l'Ouest, le philosophe George Grant a élaboré une critique de la technologie qui constitue également une critique du libéralisme neutraliste. Grant regrette la disparition d'une sorte de torysme nationaliste rouge qui, selon lui, s'inscrit dans une tradition platonicienne n'admettant aucune forme de division entre une politique juste et le cosmos, l'homme et la nature[30]. Grant nous incite donc à rejeter l'idée moderne selon laquelle l'homme devrait maîtriser la nature au moyen de la technologie, ou, pour employer les mots de Francis Bacon, scientifique et homme de lettres du seizième siècle, « immobiliser la nature sur un poteau et en extraire de force tout le bien qu'elle contient[31] ». Grant semble également avoir été inspiré par cette vision chrétienne minoritaire défendue avec conviction notamment par saint François d'Assise, selon laquelle le croyant doit considérer que sa vie sur terre se déroule au sein de la nature, et non séparément de cette dernière, et que nous, les humains, faisons fausse route si nous croyons avoir le droit de dominer notre environnement. Ainsi, même si les idées de Grant diffèrent à de nombreux égards de celles des autochtones animistes et des habitants « frontiéristes » de l'Ouest, sa critique sans compromis de la technologie comme instrument de conquête nous permet de dire qu'ils ont tous trois un même idéal en commun : la suppression complète de la ligne de démarcation tracée par la garnison entre la nature et la civilisation.

Mais on ferait fausse route en endossant cette position, qui revient selon moi à tomber dans l'excès opposé. Car cela équivaudrait ni plus ni moins à attribuer cette même unité associée à la civilisation du monarque — qui s'appuie sur l'existence d'une fondation — à l'ensemble du cosmos, dorénavant caractérisé par un monisme panthéiste omniprésent encore plus étranger à notre expérience que, me semble-t-il, la croyance monarchiste voulant qu'il soit possible de faire une séparation nette entre une fondation unifiée et la pluralité chaotique considérée comme inhérente à la nature sauvage. Comme cette discussion dépasse clairement le cadre de notre propos, je me bornerai ici à suggérer qu'un minimum d'aliénation entre les humains et la nature est inévitable, ne serait-ce qu'en raison du fait que notre espèce se distingue par sa capacité d'exercer un jugement moral. Car l'idée même de sens moral suppose que nous possédions un degré minimal de libre arbitre, forme de liberté qui, par définition, n'est pas assujettie aux lois physiques de la nature (selon lesquelles chaque action ou occurrence a une cause bien précise). En effet, le sens moral exige de l'individu qu'il soit responsable, jusqu'à un certain point, de ses actions, ce qui veut dire que l'on ne peut déterminer une cause physique pour chacune desdites actions[32]. Bien entendu, cette remarque à propos des humains ne signifie pas pour autant que nous soyons distincts de la nature au point qu'il soit logique de tracer une ligne continue entre nous et elle, et donc d'installer une limite étanche autour de nos civilisations. Je crois plutôt que nous devrions considérer ces lignes et ces limites différemment, d'une façon qui contribue à rapprocher les vérités contenues tant dans la vision inspirée de la mentalité de garnison que dans celle de ses détracteurs — c'est-à-dire une conception qui pourrait être le fruit d'une conversation entre ces deux orientations.

Ainsi, ces lignes devraient non seulement être flexibles plutôt que rigides, marquées par des dentelures représentant les compromis de la négociation, mais aussi pointillées plutôt que continues, car c'est par les espaces entre les traits que la conversation, et donc les rapprochements, deviennent possibles. Voilà le type de délimitation que nous devons tracer autour de notre pays, la seule que le patriote acceptera de défendre.

Un trop grand nombre de Canadiens, toutefois, n'en sont pas encore là. L'une des façons dont cette lacune se manifeste, selon moi, est la confusion persistante qui règne en ce qui a trait à notre identité, située quelque part entre des visions fondatrices monarchistes très différentes provenant d'Europe et des États-Unis. Il n'y a qu'à penser à notre usage mixte des systèmes de poids et mesures métrique et impérial, ou au fait en apparence banal qu'au Canada, aujourd'hui, on puisse se retrouver dans un immeuble dont le premier étage se situe juste au-dessus du rez-de-chaussée, alors que dans le bâtiment d'à côté, premier étage et rez-de-chaussée se confondent. On ne trouve rien de tel en Europe, où le premier se trouve toujours un étage au-dessus du rez-de-chaussée, ni aux États-Unis, où il correspond invariablement au niveau de la rue. À l'évidence, notre architecture renferme une question, demeurée jusqu'ici sans réponse : nos immeubles reposent-ils sur une fondation héritée d'Europe, ou, à l'instar des Américains, sur une fondation que nous avons échafaudée ici, dans un nouveau monde que nous sommes venus dominer[33] ? Je crois qu'il y a quelque chose de sain dans notre incapacité — ou notre refus — d'opter pour l'une ou l'autre de ces deux possibilités, car après tout, chacune d'entre elles est d'esprit monarchiste. Ainsi, je m'inscris en faux contre le journaliste canadien Robert Fulford, selon qui « le sentiment de toujours se trouver sur des fondations politiques et constitutionnelles chambranlantes résulte directement de nos origines », et « nous n'avons pas de "mythe fondateur", comme disent les anthropologues[34] ». Je dirais plutôt qu'au contraire, notre difficulté vient du fait que nous avons un trop grand nombre de ces mythes.

Disons-le encore une fois, aucun monarque en puissance n'a jamais réussi, loin s'en faut, à exercer une souveraineté totale sur ce pays, ce qui explique pourquoi il nous est impossible de dire que nous avons bâti une fondation au Canada. Il est certain que toutes les tendances monarchistes ont été représentées au cours de ce que nous avons appelé, à tort, nos débats « fondateurs[35] », mais aucune d'entre elles, fort heureusement, n'a jamais réussi à s'imposer. Par conséquent, le mythe voulant que nos traditions politiques reposent sur une fondation a toujours été moins bien ancré ici qu'aux États-Unis, et c'est la raison pour laquelle, même si nous avons accepté la suggestion britannique de déclarer notre pays un « dominion » (les Britanniques craignaient que le mot « royaume » ne heurte la sensibilité des Américains), quelque chose dans ce terme nous a toujours semblé inapproprié.

Mais tout ça aura au moins eu un effet bénéfique : comparativement à nos voisins du sud, nous sommes plus tolérants face à la diversité, étant donné que les voix des « autres », à l'extérieur de la garnison, n'ont jamais été complètement réduites au silence. Cependant, la tolérance ne mène tout au plus qu'à une volonté de négocier, de faire des concessions face aux exigences des personnes qui sont différentes de soi. La personne tolérante *endure* l'autre, sans plus ; elle ne peut concevoir que cet autre puisse avoir quelque chose à dire qui vaudrait la peine d'être écouté, quelque chose qui pourrait constituer une source valable d'apprentissage. Comme nous l'avons vu, le polyarchiste pluraliste ne veut, ni ne peut, aller au-delà de cette limite ; or, selon moi, cela n'est tout simplement pas suffisant.

Ce que je suggère ici, c'est que depuis le début, notre approche politique aurait dû être plus ambitieuse. Il ne suffit pas de reconnaître que l'existence de monarques concurrents est incompatible avec la mise en place d'une fondation, même

si cela a au moins le mérite d'éviter le type de politique super-
ficielle et contraignante qui se pratique dans le cadre d'une
plate-forme constitutionnelle stable. Car sachant qu'une
constitution est toujours un document politique, intimement
lié aux flux des pratiques politiques, en constante évolution,
des citoyens, nous aurions également dû être en mesure de
voir notre constitution, du moins potentiellement, comme une
expression des biens ou valeurs partagés par l'ensemble des
citoyens. Seule une telle optique pourrait rendre possible une
conciliation de nos différences et, en lieu et place des compromis, une pratique de dialogue permettant la transformation progressive des biens qui nous importent vraiment.

Mais il nous est arrivé trop rarement de rechercher ce type
de rapprochement, d'aller plus loin que de simplement reconnaître que l'établissement de nos frontières *a mari usque ad mare*
ne se s'est pas accompagné de l'éradication de la totalité de nos
«autres». Nous pouvons donc dire que l'incapacité ou l'absence
de volonté que manifestent depuis toujours nos leaders politiques de converser avec ceux qui ne se conforment pas à la
mentalité de garnison constitue une manifestation unilatérale
du côté mouton de notre héritage, tout comme aujourd'hui,
l'importance suprême que nous accordons à l'efficacité économique ainsi qu'au maintien de l'ordre et de la stabilité pourrait être le signe d'une incapacité à nous montrer à la hauteur de
l'héritage du loup. Toujours prêts à nous flatter de notre souci
parfois pusillanime pour le confort, et à nous vanter *ad nauseam*
de la place enviable qu'occupe notre pays sur l'échelle de l'indice
du développement humain de l'ONU, nombre d'entre nous,
semble-t-il, avons adopté comme mantra les paroles de nul
autre que Sancho Panza, acolyte de Don Quichotte et monarchiste proto-économique, selon qui «c'est sur un bon fondement qu'on peut élever un bon édifice, et le meilleur fondement
du monde, c'est l'argent[36]». Qu'est-il donc advenu de notre
sens de l'aventure politique? Avons-nous peur qu'en renouant

avec le loup qui sommeille en nous, nous mettions en péril le mouton, c'est-à-dire notre confort et notre sécurité ? Il s'agit là d'une inquiétude qui ne date pas d'hier, et qui n'est pas dénuée de fondement[37]. Mais dans notre cas, elle s'est trop souvent traduite par une incapacité destructrice à célébrer la réussite des plus originaux d'entre nous, ce qui, d'une certaine façon, finit par avoir des effets dangereux même pour notre côté mouton. En effet, nous devons comprendre qu'en bout de ligne, la mentalité du mouton ne fournit qu'une fausse sécurité ; elle nous incite à croire, à tort, que nous nous appuyons sur une fondation solide alors qu'en réalité, le sens de nos principes politiques les plus fondamentaux est incertain, et le demeurera toujours. En fait, ces principes auraient avantage à rester ouverts à la discussion et à demeurer intimement liés au flux de cette rivière qu'est notre histoire. Et en négligeant de nager dans le sens de notre histoire, nous allons tout droit vers la noyade.

Si nous nageons, toutefois, en essayant de ne pas nous précipiter dans toutes les directions à la fois, mais en nous efforçant de bouger ensemble, en harmonie avec le courant, comme un flux laminaire, alors nous arriverons à comprendre clairement l'importance de refléter fidèlement l'*ensemble* de notre histoire, ainsi que *toutes* les traditions (en constante évolution) qui nous ont été transmises. Cela, comprenons-le bien, signifie qu'il faut nous efforcer d'être authentiques face à ce que nous avons été et sommes encore, tous ensemble : à l'esprit du mouton *et* à celui du loup, au général Brock *et* au chef Tecumseh, au chemin de fer du Canadien Pacifique *et* à Sir John Franklin, à Sam Steele *et* à Viola Desmond, à la paix, à l'ordre *et* au bon gouvernement.

II

L'autre aspect problématique du mythe des « deux peuples fondateurs », comme je l'ai dit, réside dans ce « deux ». Car le Canada, à mon sens, constitue depuis ses tout débuts un pays *multi*culturel, qui contient beaucoup plus que seulement deux

communautés. Lorsque je parle de « multiculturalisme »,
devrais-je préciser, j'évoque une conception spécifiquement
patriotique de cette idée. Celle-ci se démarque du multiculturalisme individualiste d'un Trudeau en ce sens qu'elle évite de
réduire les diverses communautés aux individus qui les composent[38]. Elle diffère également du multiculturalisme défendu
par le pluraliste, suivant lequel ces communautés ont si peu
de choses en commun les unes avec les autres que lorsqu'elles
entrent en conflit, on ne peut s'attendre à rien de mieux que
des relations à somme nulle. Alors qu'entend-on, exactement,
par « multiculturalisme patriotique » ?

Le rejet du dualisme inhérent au mythe des deux peuples
fondateurs est une façon de répondre à cette question. Cela
nécessite de reconnaître que les premiers colons n'ont été,
pendant une certaine période, que de simples colons en provenance de leur pays respectif dont l'allégeance première, s'ils
en avaient une[39], allait à leur patrie d'origine. Ce n'est que lorsqu'ils en sont venus à se considérer comme des ex-patriotes
qu'on a pu commencer à parler de *Canadiens* français et anglais.
Mais qu'en est-il des adjectifs « français » et « anglais » ? Quel en
est le sens ? Selon moi, au commencement de notre pays, seuls
les Canadiens français, contrairement à leurs homologues de
langue anglaise, pouvaient être considérés comme une communauté réelle, car ils constituaient un ensemble d'individus
qui non seulement formaient un groupe linguistique, mais par-
tageaient un bien commun. Comme on peut lire dans le rapport de la commission Tremblay de 1953, le Canada français
incarnait « trois grandes traditions — la famille, le travail auto-
nome et la paroisse[40] », ces trois piliers ayant servi de fondement à une communauté qui ne s'est véritablement réalisée
qu'avec la rupture des liens de la colonie d'avec la France[41].

Les Canadiens anglais de l'époque, en revanche, étaient une
entité beaucoup plus disparate. Bien qu'ils partageassent une
même langue, celle-ci n'était pas au centre d'une communauté

véritable, plus ou moins comparable à celle des Canadiens français. Les anglophones de l'époque étaient plutôt répartis dans un certain nombre de communautés ethniques, religieuses et régionales. Il y avait, bien sûr, les Anglo-Saxons, qui étaient venus directement d'Angleterre. Mais dès le début, ceux-ci se sont retrouvés en position minoritaire par rapport aux immigrants en provenance d'Irlande, d'Écosse, du pays de Galles et des États-Unis (même si environ la moitié des loyalistes de l'Empire-Uni étaient nés en Angleterre)[42]. En fait, au début, une bonne partie des Écossais ainsi que la totalité des Gallois et des Irlandais avaient beaucoup plus de choses en commun avec le petit nombre de Bretons francophones (dont Jacques Cartier était le plus célèbre), qui revendiquaient un héritage celtique plutôt que germanique (qui était celui de l'ensemble des Anglo-Saxons et de tous les autres colons francophones, en particulier ceux qui étaient d'origine franque, normande et poitevine-charentaise). La religion, quant à elle, créait d'autres distinctions à l'intérieur de tous ces groupes, par exemple entre les catholiques — irlandais et francophones — et les protestants[43]. À cela s'ajoutaient les différences de classe, qui creusaient un fossé entre, d'une part, une bonne partie des Irlandais et des Écossais, qui étaient des ouvriers non qualifiés, ainsi que les nombreux francophones qui avaient les mêmes conditions de travail, et, d'autre part, les travailleurs anglais mieux qualifiés. Enfin, il existait des différences régionales importantes parmi les anglophones, par exemple entre les Britanno-Colombiens et les colons de la Rivière Rouge, dans l'Ouest, les Canadiens du Haut et du Bas-Canada qui formaient la garnison, dans le centre du pays, et les populations de l'Est.

Tout cela devrait nous aider à comprendre à quel point le mythe des deux peuples fondateurs a contribué à passer sous silence la diversité des premiers Canadiens[44]. De plus, non seulement ce mythe réduit-il plusieurs communautés très différentes à deux groupes dont les membres se trouvent à parler la même langue, mais il revient à ignorer une autre communauté, ou plutôt un ensemble de communautés, qui ont joué un rôle essentiel dès le début de l'histoire canadienne. Je parle ici, bien sûr, des autochtones.

Comment cela est-il possible ? Pour répondre à cette question, il faut nous tourner vers la doctrine polyarchiste. Cette doctrine, comme nous l'avons vu, suppose que les distinctions s'appuient sur des éléments — c'est-à-dire des valeurs ou les groupes de personnes qui les défendent — qui sont conceptuellement indépendants les uns des autres, des entités entre lesquelles on croit possible de tracer des lignes de démarcation nettes, continues. Et pour le polyarchiste, c'est en réponse aux conflits que nous devons tracer ces lignes le plus clairement possible, car c'est à ce moment-là qu'il devient nécessaire soit de trouver un équilibre, comme lors d'une négociation, soit de faire une distinction claire entre nos amis et nos ennemis, comme l'exige la *realpolitik*. En fait, on pourrait dire que suivant l'approche polyarchique, le conflit est le seul facteur qui compte : c'est lui qui révèle qui est le plus fort et donc qui règnera, selon les tenants de la *realpolitik*, tandis que pour les pluralistes, il se trouve à la base de toute justice[45].

Tout cela amène les polyarchistes à mettre l'accent sur les distinctions qui sous-tendent les conflits, en particulier ceux qu'ils considèrent comme les plus importants, et à minimiser tout le reste. C'est la raison pour laquelle, lorsque le polyarchiste rend compte de l'histoire canadienne, une seule chose semble ressortir : la lutte entre les francophones et les anglophones. Il est indéniable que ces deux groupes ont été les acteurs de notre principal conflit, qui menace l'existence du pays depuis ses débuts. Mais le polyarchiste va trop loin, faisant de l'écart sociologique entre francophones et anglophones pratiquement le seul qui ait jamais vraiment compté. En plus, cela est une déformation de la réalité, compte tenu des nombreux recoupements pertinents, tels que ceux mentionnés ci-dessus, que l'on peut faire entre francophones et anglophones.

Les autochtones sont escamotés de notre histoire selon ce même mécanisme. Car aux yeux des deux types de polyarchistes, la faiblesse politique des autochtones se traduit en bout de ligne par leur invisibilité. Dans le contexte de la *realpolitik*, on suppose que s'il n'y a personne avec qui se battre, alors, d'un point de vue politique, aussi bien dire qu'il n'y a personne du tout. Les pluralistes en arrivent à la même conclusion, mais par un chemin différent. Comme chacun sait, au moment d'entamer des négociations, les différents groupes qui se présentent à la table n'ont pas tous le même pouvoir, ce qui veut dire que, même quand l'ensemble des parties négocient en toute bonne foi, celles qui au départ avaient très peu de pouvoir se retrouvent toujours perdantes. Dans la littérature, cette réalité est le point de départ de la critique « élitiste » bien connue du pluralisme, sur laquelle je ne reviendrai pas ici[46]. Mais ce déséquilibre entraîne d'autres conséquences, étant donné que le pouvoir influe non seulement sur le degré auquel on jugera nécessaire de satisfaire les demandes des autres, mais aussi sur ceux avec qui on acceptera de négocier au départ. Ainsi, au Canada, si le pluralisme « inclut au moins potentiellement les peuples autochtones[47] », comme l'affirme Kenneth McRoberts, l'un de ses principaux tenants, cette prise en compte ne peut se produire que si les autochtones possèdent suffisamment de pouvoir pour imposer leurs points de vue. Et comme ils n'ont commencé à acquérir ce type de pouvoir que depuis peu de temps, on ne doit pas se surprendre du fait que les pluralistes n'aient que très récemment commencé à reconnaître la place fondamentale qu'ils occupent dans ce pays. En fait, même McRoberts laisse entendre que sa défense de longue date du dualisme canadien ne s'appuyait sur rien d'autre que la faiblesse politique des autochtones :

> S'il est indéniable que le lien qui unit les populations autochtones au Canada découle, lui aussi, de leur appartenance à une collectivité plus importante, jusqu'à tout récemment, ces popu-

lations ne furent pas en mesure d'imposer leurs revendications sur la scène politique canadienne. Ne fût-ce qu'en raison de leur nombre largement supérieur, les francophones (ceux du Québec, à tout le moins) réussirent toujours à le faire[48].

Voilà assurément une étrange façon d'exprimer une position que l'on considère comme juste. Mais nous pouvons comprendre pourquoi le pluraliste, qui n'a aucune vision des vérités communes à l'ensemble des citoyens, n'a pas grand chose à offrir à ces groupes qui ne possèdent pas suffisamment de pouvoir pour même songer à se rendre à la table de négociation. Lorsque vient le temps de faire un retour sur l'histoire de notre pays, il en résulte une incapacité à saisir le caractère central de la vérité, qui exige de l'historien qu'il souligne l'importance des groupes qui ont été marginalisés sur la scène politique. Le pluraliste ne peut comprendre que l'historien doive éviter, encore plus que le politicien, de s'engager dans la négociation et de laisser les compromis fausser ses interprétations. Autrement, il n'aboutira qu'à une conception erronée du «comment refaire un pays comme le Canada».

NOTES

1. Pour ne citer que deux exemples bien connus, Lord Durham fait référence, dans son *Rapport Durham*, publié en 1839, aux Canadiens anglais et français comme aux deux «races fondatrices» du Canada ; André Siegfried, quant à lui, fait de même dans son ouvrage intitulé *Le Canada, les deux races : problèmes politiques contemporains*.

2. Pour la conception lockiste, voir Louis Hartz, *Histoire de la pensée libérale aux États-Unis*, et Pangle, *The Spirit of Modern Republicanism : The Moral Vision of the American Founders and the Philosophy of Locke* ; pour la kantienne, voir Ronald Dworkin, *Une question de principe*, et pour la machiavélienne, voir J.G.A. Pocock, *Le moment machiavélien : la pensée politique florentine et la tradition républicaine atlantique*. L'ouvrage de Bruce Ackerman intitulé *Au nom du peuple : les fondements de la démocratie américaine* constitue, comme l'indique son titre, une conception démocratique, qui tente toutefois de répondre à certaines des préoccupations soulevées par les théoriciens mentionnés ci-dessus.

3. Voir Frederick Jackson Turner, « The Significance of the Frontier in American History», et Nash, *Wilderness and the American Mind*, chapitres 1-5.

4. Voir, par exemple James M. McPherson, *La guerre de Sécession (1861-1865)*, et pour une analyse de l'immigration ratissant beaucoup plus large que ce à quoi on pourrait s'attendre, Tim Flannery, *An Eternal Frontier : An Ecological History of North America and its Peoples*. Sur les frontières contemporaines que sont le marché, la technologie et la littérature, voir Philip Fisher, *Still the New World: American Literature in a Culture of Creative Destruction*.

5. Dans « Distributive Justice : What the People Think », de David Miller, on trouve un compte rendu des divergences entre, d'une part, l'opinion publique américaine contemporaine et, d'autre part, les positions exprimées dans l'ouvrage *Théorie de la justice* de John Rawls, auteur dont la théorie neutraliste est la plus influente de toutes les philosophies politiques américaines d'aujourd'hui.

6. Voir Russell, *Constitutional Odyssey*, ch. 2.

7. Voir, par exemple, Kenneth McNaught, « Approaches to the Study of Canadian History ».

8. Lipset, *Continental Divide: The Values and Institutions of the United States and Canada*.

9. Voir Heinz Weinmann, *Du Canada au Québec : généalogie d'une histoire*, p. 158-164.

10. *Ibid.*, p. 154.

11. Voir Lamontagne, *L'hiver dans la culture québécoise (XVIIe-XIXe siècles)*, p. 32.

12. Weinmann, *Du Canada au Québec*, p. 162.

13. Voir *ibid.*

14. « ... tracing one warm line through a land so wild and savage. » Rogers, « Northwest Passage ». La chanson de Rogers fait référence, bien sûr, à la désastreuse expédition de Franklin, au dix-neuvième siècle, mais la caractérisation qu'il propose me semble tout aussi appropriée pour les coureurs des bois.

15. Voir Innis, *The Fur Trade in Canada: An Introduction to Canadian Economic History*.

16. Frye, « Conclusion to *A Literary History of Canada* », p. 225.

17. « The previous day had been dark and stormy, and a heavy fog had concealed the mountain chain, which forms the stupendous background to this sublime view, entirely from our sight. As the clouds rolled away from their grey bald brows, and cast into denser shadows the vast forest belts that girdled them round, they loomed out like mighty giants—Titans of the earth, in all their rugged and awful beauty—a thrill of wonder and delight pervaded my mind. The spectacle floated dimly on my sight—my eyes were blinded with tears—blinded by the excess of beauty. I turned to the right and to the left, I looked up and down the glorious river; never had I beheld so many striking objects blended into one mighty whole! Nature had lavished all her noblest features in producing that enchanting scene. » Moodie, citée dans Margaret Atwood, *Essai sur la littérature canadienne*, p. 49.

18. Angus, *A Border Within: National Identity, Cultural Plurality, and Wilderness*, p. 126. Même si j'endosse ici en grande partie la distinction entre ligne de démarcation et frontière proposée par Angus, qui est la même que celle de l'historien Ramsay Cook, je crois que le sens de « ligne de démarcation » est, ou devrait être, différent pour les Canadiens aujourd'hui. J'expliquerai pourquoi un peu plus loin.

19. Un objectif avoué du père Pierre Biard, jésuite du dix-septième siècle, cité dans Ramsay Cook, « Making a Garden out of the Wilderness », p. 60.

20. Voir, par exemple, Pierre Berton, *The Mysterious North*, et Margaret Atwood, *Strange Things : The Malevolent North in Canadian Literature*.

21. Voir, par exemple, Harry Robinson, *Nature Power : In the Spirit of an Okanagan Storyteller*, ainsi que Robert Hunter et Robert Keziere, *Greenpeace*.

22. Cohen, *Les perdants magnifiques*.

23. Cooper, « Western Political Consciousness », p. 220, 221.

24. *Ibid.*, p. 220.

25. « Pas juste une plate-forme pour ma danse ». Titre d'un poème de la poétesse métisse Marylin Dumont, qui figure dans son recueil *A Really Good Brown Girl*, p. 46.

26. Alison Strayer aurait certainement souhaité que les Canadiens de l'Ouest et ceux du centre aient eu des rapports différents. Son roman *Jardin et prairie* ne peut être interprété autrement que comme un genre de dialogue entre ces deux groupes. Pour un « dialogue » entre la garnison du Canada central et la nature elle-même, voir *L'ours*, de Marian Engel.

27. C'est-à-dire lorsque la garnison fait face à des menaces à l'ordre établi en provenance de l'extérieur. Les conflits internes d'envergure limitée, comme ceux qui animent des institutions comme La Loyale Opposition de Sa Majesté, ou qui se manifestent dans des pratiques comme les accrochages entre joueurs de hockey sont permis, voire même encouragés. Mais il en va tout autrement lorsque les menaces viennent de l'extérieur. C'est ainsi que j'interprète les mesures de sécurité exagérément strictes prises contre les manifestants lors du Sommet des Amériques de 2001, dans la ville de Québec, sans parler des abus commis lors du sommet de l'APEC, tenu en 1997 à l'Université de la Colombie-Britannique. Sur ces événements, voir W. Wesley Pue (dir.), *Pepper in Our Eyes : The APEC Affair*.

28. Voir Cook, « Imagining a North American Garden : Some Parallels and Differences in Canadian and American Cultures », dans *Canada, Quebec and the Uses of Nationalism*, p. 202-203.

29. Voir, par exemple, la critique implicite que recèle le roman de Frederick Philip Grove, *The Master of the Mill*.

30. Voir Grant, *Technology and Empire : Perspectives on North America*.

31. « ... put nature on a rack and squeeze the good out of her. » Bacon, en fait, ne prônait rien de tel, mais c'était assurément le cas de certains de ses admirateurs, comme Gottfried Wilhelm Leibniz et Ernst Cassirer. Voir Peter Pesic, « Wrestling with Proteus : Francis Bacon and the "Torture" of Nature ». La popularité du mythe est toutefois significative, compte tenu du rôle central joué par Bacon dans la genèse de la science expérimentale moderne.

32. La base de cet argument se trouve dans Aristote, *Éthique à Nicomaque*, livre 1, chapitre 7, même si ce qui est dit ici va au-delà des propos d'Aristote, dans le but de faire écho aux positions d'Isaiah Berlin et de Charles Taylor. Voir Berlin, « De la nécessité historique », dans *Éloge de la liberté*, et Taylor, « How is Mechanism Conceivable ? », dans *Human Agency and Language : Philosophical Papers 1*.

33. Dans le cadre d'une analyse comparative entre l'Amérique et la Grande-Bretagne contemporaines, David Bodanis fait la remarque suivante à pro-

pos des États-Unis : « [Dans ce pays], toute référence à la terre (comme dans "ground floor", NDLT) et à tout autre élément de la nature est bannie de la maison. Si vous entrez dans la demeure d'un Texan ou dans toute autre maison, on vous informera que vous êtes déjà au premier étage. L'hôte réaffirme ainsi qu'il n'est pas un simple serviteur de la nature, mais qu'il la domine ». Bodanis, *Web of Words : The Ideas Behind Politics*, p. 10.

34. Fulford, *Mary Pickford, Glenn Gould, Anne of Green Gables, and Captain Kirk : Canadians in the World's Imagination*, p. 6.

35. Voir Janet Ajzenstat, et autres (dir.), *Débats sur la fondation du Canada*.

36. Miguel de Cervantes, *L'ingénieux Hidalgo Don Quichotte de la Manche*, p. 145.

37. Voir, par exemple, Jacqueline de Romilly, *Alcibiade : ou les dangers de l'ambition*.

38. « Une politique de multiculturalisme... constitue en fait un appui conscient à la liberté de choix individuelle. » Trudeau, « Statement on Multiculturalism », p. 351.

39. Selon Denis Monière, un grand nombre des habitants de Nouvelle-France, à tout le moins, étaient habités par un esprit d'indépendance, d'individualisme et même d'insubordination. Voir Monière, *Le développement des idéologies au Québec*, p. 58-65.

40. Voir le Rapport de la commission Tremblay. Pour un compte rendu antérieur, vois Louis-François Laflèche, *Quelques considérations sur les rapports de la société civile avec la religion et la famille*.

41. Voir Fernand Dumont, *Genèse de la société québécoise*, p. 103-104, et 117.

42. Voir Warren E. Kalbach et Wayne W. McVey Jr., *The Demographic Basis of Canadian Society*, p. 194-196, où les auteurs font remarquer que, jusqu'en 1901, les Irlandais formaient la plus importante portion des Canadiens anglophones originaires des îles britanniques, suivis des Anglais et des Écossais. Ce n'est qu'en 1921 que ces deux derniers groupes ont fini par les dépasser en nombre.

43. En effet, comme l'indique Chad Gaffield, c'est la religion et non la langue qui a constitué officiellement la principale préoccupation du gouvernement fédéral au cours des premières décennies du vingtième siècle. Les questions concernant la langue ne sont apparues pour la première fois dans le questionnaire du recensement canadien qu'en 1901. Voir Gaffield, « Linearity, Non-linearity and the Competing Constructions of Social Hierarchy in Turn-of-the-Century Canada : The Question of Language in 1901 ».

44. Cela est toutefois loin d'être assuré. Kenneth D. McRae, par exemple, dans son article « The Structure of Canadian History », p. 219 (note de bas de page), prend soin de préciser qu'il emploie le terme « Canada anglais » en faisant essentiellement référence à un groupe linguistique, mais cela ne l'empêche pas de donner un compte rendu dualiste de l'histoire sociale canadienne.

45. Pour les premiers, voir Schmitt, *La notion de politique*, et pour les seconds, voir Hampshire, *Justice is Conflict*.

46. Voir, par exemple, Peter Bachrach, *The Theory of Democratic Elitism : A Critique*.

47. McRoberts, *Un pays à refaire*, p. 361.

48. *Ibid.*, p. 23.

3

Qui nous sommes

I

Nos pratiques constituent, en un sens, des interprétations des valeurs ou des biens qui les sous-tendent. Par exemple, quand nous jouons au hockey et que nous le faisons d'une façon particulière, cette façon constitue en quelque sorte notre interprétation du hockey, dans laquelle s'expriment des biens tels que la force athlétique, l'esprit sportif, l'esprit d'équipe, etc. Jouer au hockey, par conséquent, revient à offrir une interprétation de la façon dont ces biens devraient être compris ; nous pourrions même aller jusqu'à dire que la manière de jouer constitue une véritable « argumentation ». Ainsi, ce que le commentateur sportif Don Cherry fait verbalement devant une caméra de télévision — c'est-à-dire expliquer ce que devrait être du bon hockey (entre autres choses!) —, Wayne Gretzky l'a accompli sur la glace pendant des années sans ouvrir la bouche. Tous deux offrent une interprétation d'une même pratique, et rendent compte des biens qui la sous-tendent.

Dans le chapitre qui suit, je propose ma propre interprétation de certains biens pertinents sur le plan politique, et donc de pratiques qui caractérisent présentement la société canadienne contemporaine. Étant donné que c'est à ces pratiques que nous nous adonnons et non à d'autres, et que nous les réalisons d'une certaine façon et non d'une autre, nous pouvons dire que les biens qu'elles expriment nous importent tout particulièrement. Rendre compte de ces pratiques, par conséquent, équivaut à rendre compte des personnes qui s'y adonnent.

Avant de commencer, j'aimerais toutefois dire quelques mots sur ce que sont les « biens » en général et expliquer en quoi consistent les différents types de biens, selon la valeur qui leur est attribuée. Un bien, comme je le conçois, *est* d'emblée une chose à laquelle nous accordons de la valeur, une chose dont nous nous « soucions[1] ». Lorsque ce bien se rapporte à une seule personne, alors il s'agit tout simplement d'un « bien personnel », auquel on peut accorder une valeur instrumentale s'il a une utilité extérieure à lui-même, ou une valeur intrinsèque, en tant que bien en soi. L'argent est, pour bien des gens, un bon exemple du premier type, tandis que la dignité ou la liberté personnelle sont des exemples du second. Bien sûr, les biens, qu'ils possèdent une valeur instrumentale ou intrinsèque, peuvent avoir de la valeur aux yeux de plus d'une personne à la fois. Les biens qui se voient accorder une valeur instrumentale par plusieurs personnes ont été appelés, notamment par les spécialistes de l'économie sociale, des « biens publics » : pensons à un barrage qui alimente une ville en eau et qui la protège des inondations. Par contre, lorsque deux personnes ou plus partagent un même bien intrinsèque, comme dans le cas d'une amitié, alors le terme qui convient le mieux est « bien commun ». Car l'amitié, contrairement au barrage, ne peut se voir accorder une valeur instrumentale par les personnes qui la partagent — si c'était le cas, il s'agirait probablement davantage d'une relation d'affaires. En outre, il n'est nul besoin de rembourser nos amis en nature chaque fois qu'ils nous rendent un service, car cette faveur constitue non pas tant un échange entre deux parties indépendantes qu'une contribution à quelque chose de plus grand que la somme de ses parties, c'est-à-dire l'amitié elle-même. C'est également la raison pour laquelle, quand notre amitié avec une personne perd de sa force, nous continuons à éprouver l'obligation—sans qu'elle soit pour autant primordiale—de poursuivre la relation.

Aristote a été le premier philosophe à décrire l'amitié en des termes semblables, et je crois qu'il avait en bonne partie raison d'en faire le modèle de ce que j'appelle un bien commun[2]. L'amitié, toutefois, est dépourvue d'un aspect qui caractérise de nombreux autres biens communs. L'une des façons dont la famille, par exemple, diffère de l'amitié est qu'elle se prolonge longtemps après la disparition de ceux qui ont noué la relation d'origine ; en fait, les gens ont souvent envie d'avoir une certaine descendance. En cela, la famille renferme, à l'instar de nombreux autres biens communs, un élément qui est absent de l'amitié : une aspiration, dirais-je, au risque de sembler quelque peu grandiloquent, à l'immortalité.

Cela est particulièrement vrai dans le cas de nombreux biens communs que nous pourrions qualifier de « publics », qui concernent beaucoup plus de personnes que les deux biens à caractère plus « privé » que nous venons de mentionner (en fait, ici, la différence entre public et privé tient probablement tout simplement au nombre de personnes concernées). Ce sont ces biens communs qui concernent suffisamment de personnes pour être considérés comme publics qui sont à la base de ce que l'on appelle des communautés, et c'est la présence combinée de différents types de communautés qui crée une bonne partie de la diversité de nos sociétés modernes. Je dis « une bonne partie » et non pas « toute », parce que la diversité moderne est aussi, bien sûr, attribuable à la grande variété d'individus qui sont rassemblés au sein de nos sociétés ; ces individus adhèrent à différents biens personnels et à différentes combinaisons de ces biens, et non seulement à des biens communs. Cela dit, je souhaite restreindre la discussion qui suit aux différentes formes de communautés en présence, parce que toutes les tentatives de les distinguer correctement les unes des autres se sont révélées beaucoup plus controversées, me semble-t-il, que les démarches visant à rendre compte des différences individuelles.

Je distingue six types de biens communs publics, et donc six types de communautés : les *associations civiles* ainsi que les *communautés ethniques, religieuses, régionales, nationales et citoyennes*. Parmi ces communautés, les deux dernières, soit la nation et les citoyens, ont souvent tendance à être confondues, ce qui cause énormément de malentendus. C'est la raison pour laquelle, selon moi, nous devons les aborder différemment de ce qui a été fait jusqu'ici. Pour bien des gens, le concept de « nation » (en raison, entre autres, d'institutions comme les Nations Unies) est souvent considéré comme un synonyme d'« État ». À cela, j'opposerai que les lois et les institutions qui constituent un État — et en fait, n'importe quelle entité politique — devraient être considérées comme l'expression, d'abord et avant tout, d'un ensemble de citoyens, ou plutôt d'une communauté « civique ». Bien que la nation entretienne une relation particulière avec l'État (comme nous le verrons, cela est une nécessité pour que cette nation soit considérée comme vraiment libre), les nationalistes ont tendance à accorder plus d'importance aux pratiques de leur communauté qui se situent à l'intérieur de la société civile qu'à celles qui se déroulent à l'intérieur et autour de l'État. Bien sûr, il existe également au sein de la société civile beaucoup d'autres types de communautés, et je me pencherai plus loin en détail sur l'ensemble d'entre elles. Mais avant tout, j'aimerais dire une chose en apparence évidente : la plupart des Canadiens appartiennent à plus d'une communauté. Même si cette situation n'est pas plus étrange que le fait, pour un individu, d'avoir plus d'un ami, elle ouvre néanmoins la porte aux conflits entre ces diverses communautés, au même titre qu'à ceux entre les communautés et les biens personnels des individus. D'où la nécessité de la politique.

J'aimerais dire autre chose sur l'appartenance à une communauté, en particulier sur l'admission au sein de ladite communauté. Il importe de comprendre qu'à part le fait que tous leurs membres répondent à cette condition nécessaire mais pas toujours suffisante que nous pourrions appeler « auto-identification positive » — aux termes de laquelle les membres d'une communauté doivent revendiquer personnellement leur appartenance à celle-ci pour en faire partie à part entière —, les communautés sont tout sauf semblables. En effet, toutes les communautés, sans exception, ont tendance, en raison de leur histoire unique, à avoir des critères d'admission bien à elles. Il serait probablement utile, ici, de situer ces différences le long d'un spectre, dont un pôle correspondrait aux conditions d'admission à une famille, où la naissance est le principal critère d'appartenance, et l'autre à l'amitié, lien que l'on noue toujours sur une base volontaire. Les différentes communautés se répartissent le long de ce spectre et peuvent aussi se déplacer dans une direction ou dans une autre à mesure qu'elles évoluent. Ainsi, alors que la plupart des gens naissent au sein d'un groupe ethnique donné, l'adhésion à une association civile, tel un club sportif, est invariablement volontaire.

Toutefois, la controverse survient lorsqu'on parle de nations, parce que si certaines d'entre elles, comme la nation québécoise, ont progressivement délaissé l'appartenance raciale comme critère d'admission, ce n'est pas le cas pour d'autres, notamment les nations autochtones (même si l'on y accepte, depuis longtemps, qu'une personne puisse devenir autochtone par adoption). Il s'agit ici d'une question délicate parce que les nations, contrairement aux communautés ethniques, ont besoin d'une reconnaissance particulière de la part de l'État, et que le fait, pour elles, d'endosser la race comme critère d'appartenance risque d'entrer en conflit avec le principe de respect des individus. Précisons que la reconnaissance du caractère controversé de cette pratique d'admission ne devrait en aucun cas être interprétée comme une critique de celle-ci. Car une communauté doit tout de même être ce qu'elle est : s'il serait absurde de prétendre qu'un individu sans aucune descendance chinoise puisse devenir membre à part entière de la communauté ethnique sino-canadienne, la même logique devrait pouvoir s'appliquer aux nations autochtones de notre pays. Et si les implications de cette pratique s'avèrent plus complexes dans le cas des autochtones, cela veut tout simplement dire que nous devons y accorder une attention particulière et y apporter une réponse politique adéquate. Mais se borner à exiger des autochtones — qui, comme tout le monde, sont animés d'une obligation morale de faire valoir les biens communs qui se trouvent au cœur de leurs communautés — qu'ils s'identifient comme membres de groupes ethniques plutôt que de nations ne constitue pas une solution. J'en dirai davantage à ce sujet un peu plus loin.

Je crois que notre incapacité à saisir adéquatement les différents types de communautés qui sont présentes aujourd'hui dans notre pays a eu des ramifications politiques significatives. Cela dit, je m'aperçois que je devance mon propos en abordant à ce stade-ci des exemples précis tirés du contexte canadien, et c'est pourquoi, pour éviter de fausser la discussion sur le Canada (ou, pour être franc, pour mieux servir mon propos), je me limiterai dans l'immédiat au cas de la Grande-Bretagne contemporaine[3].

Les associations civiles sont des communautés que l'on trouve au sein des sociétés civiles et auxquelles on s'intègre sur une base entièrement volontaire ; il peut s'agir de clubs d'amateurs de football ou de lecture, d'universités, de syndicats, d'entreprises commerciales, de groupes d'intérêts divers, etc. On trouve également des communautés ethniques au sein des sociétés civiles, quoique, comme je l'ai dit, les gens y appartiennent de naissance et en vertu de leur éducation plus que par choix, comme c'est le cas pour les associations civiles. Habituellement, les communautés ethniques sont composées d'immigrants et de leurs descendants, dont la culture a été importée de leur pays d'origine, comme dans le cas, par exemple, de la population originaire des Indes orientales qui vit en Grande-Bretagne. Quand je parle de communautés religieuses, je fais référence aux fidèles qui font leurs dévotions dans des contextes institutionnalisés, comme par exemple en allant régulièrement à l'église, à la mosquée ou à la synagogue, lieux où s'incarne leur communauté. Et selon les communautés religieuses dont il est question, certaines — encore une fois, à la différence des groupes ethniques — auront besoin d'une forme ou d'une autre de reconnaissance étatique. Ainsi, alors que les populations indienne et bahaie considèrent leurs communautés comme installées de façon pleine et satisfaisante à l'intérieur de la seule société civile, ce n'est pas le cas des protestants britanniques, qui possèdent des institutions religieuses officielles en Angleterre et en Écosse, ni des catholiques, des juifs et des musulmans — qui reçoivent, à l'instar des protestants, un soutien étatique pour leurs écoles publiques.

Chaque communauté de citoyens et chaque nation, toutefois, nécessitent ce degré bien particulier d'intégration avec l'État qui vient avec la reconnaissance. Cela va de soi dans le cas des citoyens parce que l'État, comme je l'ai dit, doit être vu avant tout comme l'expression de ses citoyens — à tout le moins lorsque ses lois et ses institutions sont le fruit d'un dialogue entre lesdits citoyens ou leurs représentants. Ce dialogue, je le répète, devrait inclure à la fois la conversation et la négociation, car il s'agit ici d'une démarche politique dont le but est de faire fidèlement valoir le bien que tous les citoyens ont en commun — et non pas seulement de faire le moins de dommages possible. Cela diffère grandement du bien commun qui est à la base d'une communauté nationale, et pour expliquer pourquoi, je ferai ici état de trois caractéristiques du nationaliste, dont aucune ne permet de répondre particulièrement adéquatement aux conflits d'ordre politique. Premièrement, mentionnons l'importance qu'accorde le nationaliste au patrimoine culturel de sa nation, c'est-à-dire aux pratiques telles que la production et la dissémination de l'art et des idées en matière de culture, l'écriture et la lecture des journaux, les discussions dans les cafés, etc., qui se déroulent dans la société civile. Toutes ces activités, ajouterons-nous, sont reliées entre elles de diverses façons, et par-dessus tout par une langue commune. Deuxièmement, le nationaliste manifeste un attachement particulier à un territoire donné délimité par des frontières bien précises, ce qui de toute évidence ne fait pas partie des préoccupations des communautés ethniques (les citoyens britanniques de descendance arabe, par exemple, n'éprouvent d'attachement pour aucune région particulière de la Grande-Bretagne, contrairement aux Anglais, aux Écossais, au Gallois ou aux Irlandais du Nord). Et troisièmement, les nationalistes ont le sentiment que leur nation ne peut être considérée comme libre à moins de recevoir une forme particulière de reconnaissance du ou des États dont elle relève. Ce dernier point constitue une autre différence entre la nation et l'ethnie. Les Britanniques d'origine antillaise, par exemple, n'exigeront jamais d'être représentés par une couleur particulière sur l'Union Jack, et de voir ainsi leur appartenance ethnique placée dans la même catégorie que toutes les nations symbolisées sur ce drapeau.

C'est cette troisième caractéristique qui nous empêche de dire que les nations existent strictement dans les limites de la société civile. Toutefois, il serait exagéré d'avancer que les politiques de l'État constituent une préoccupation centrale pour les nationalistes. En effet, du moment que la reconnaissance requise leur est accordée, ils auront tendance à se concentrer essentiellement sur les pratiques culturelles qui s'expriment au sein de la société civile. Et même lorsque cette reconnaissance est absente, les limites à la liberté nationale (qui diffère de la liberté politique) qui en découleront se verront quand même accorder une importance moindre que la nécessité de faire preuve de vigilance relativement à l'héritage culturel de la nation. Les Grecs modernes ont certainement démontré cette réalité, comme en témoigne éloquemment l'histoire suivante :

> Athènes, 1821. Les Grecs luttent pour leur indépendance. À Athènes, ils assiègent l'Acropole, bastion de l'occupant turc. Au bout d'un certain temps, les Turcs commencent à manquer de munitions. Ils se mettent alors à démanteler certaines parties du Parthénon, et arrachent des attaches de plomb vieilles de 2 300 ans afin de les faire fondre pour fabriquer des balles. Les combattants grecs, horrifiés face à cette destruction de leur patrimoine, envoient aussitôt aux Turcs des réserves de munitions. Ils décident qu'il vaut mieux armer leurs ennemis que d'abandonner leur temple ancien à la destruction[4].

Voilà qui diffère radicalement de ce à quoi on aurait pu s'attendre des anciens Grecs, qui se considéraient comme membres d'une variété de communautés de citoyens plutôt que d'une seule et même nation. Pour eux, la « liberté » faisait avant tout référence à une pleine participation à la chose politique ; l'idée de communauté nationale et la forme particulière de liberté qui lui est associée n'existaient pas encore. En fait, les Anciens n'auraient pas été en mesure de comprendre des luttes comme celles qui ont été menées au cours du siècle dernier par de nombreux mouvements de libération nationale du Tiers Monde, dont l'objectif principal était d'obtenir une reconnaissance en s'assurant que les leaders des nouveaux États soient, à défaut d'avoir des visées démocratiques, à tout le moins des fils du pays plutôt que des étrangers.

Ainsi, les préoccupations nationalistes en matière de reconnaissance étatique n'ont de sens qu'en ce qui a trait aux nations ayant vu le jour à l'ère moderne. Pour comprendre pourquoi, je crois que nous devons éviter cet inutile débat sémantique qui a présentement cours entre les penseurs du nationalisme de tendance « moderniste » et ceux de tendance « révisionniste ». Pour les modernistes, l'idéologie nationaliste et les nations dont elle est censée se faire le héraut n'ont vu le jour qu'au dix-huitième siècle. Cette idéologie émane de communautés qui sont fondamentalement séculières et qui se caractérisent par des rapports sociaux relativement égalitaires qui n'existaient pas, disons, dans les structures politiques hiérarchiques des royaumes médiévaux ; pour s'exprimer politiquement, ces communautés comptent sur un État doté de frontières « souveraines » clairement définies[5]. Pour le révisionniste, par contre, les nations existaient longtemps avant la modernité, et loin d'avoir été originellement séculières, elles se tournaient, pour leur expression politique et institutionnelle, vers l'Église, dont les frontières, qui s'élargissaient constamment, étaient plus diffuses[6]. Selon moi, nous pouvons affirmer que ces positions renferment toutes deux une part de vérité, l'histoire comportant fondamentalement deux types de nations, soit la nation prémoderne et la nation moderne. Les communautés qui manifestent aujourd'hui les caractéristiques d'une nation prémoderne correspondent davantage, à notre époque, à des communautés religieuses qu'à des nations[7]. Ainsi, l'Angleterre était peut-être au début une nation prémoderne, soit une communauté religieuse chrétienne, mais elle fait aujourd'hui partie des nations modernes. De même, un grand nombre d'Irlandais catholiques d'Irlande du Nord considèrent la république du Sud comme le foyer de leur nation (moderne) souveraine, dont ils aimeraient qu'elle englobe également le Nord. Comme chacun sait, l'Irlande du Nord comprend une autre communauté, la majorité protestante de l'Ulster, dont les compatriotes catholiques constituent aujourd'hui plus une nation qu'une communauté religieuse, alors qu'elle, au contraire, s'apparente davantage à une communauté religieuse qu'à une nation[8].

Compte tenu du fait que toutes les nations modernes ainsi que certaines communautés religieuses ont besoin d'une forme de reconnaissance étatique pour se considérer libres, la constitution récente de nouvelles assemblées au pays de Galles, en Écosse et en Irlande du Nord peut être interprétée comme une tentative de remplir cette exigence (en Irlande du Nord, ce processus a nécessité un certain partage de souveraineté avec la république du Sud et donc, jusqu'à un certain point, l'accession aux exigences des nationalistes catholiques). Restent les Anglais, dont je ne suis pas le premier à dire qu'ils ne possèdent pas d'assemblée en grande partie parce qu'ils sont considérés depuis si longtemps, à tort, comme équivalents à des Britanniques, et que leur domination *de facto* au sein de l'État britannique dorénavant fédéré, dont le siège est à Londres, leur permet de se passer de reconnaissance étatique. L'omniprésence de la langue de Shakespeare a également, il faut le dire, contribué à l'invisibilité et à la relative mollesse du nationalisme anglais contemporain (sauf chez les hooligans mordus de soccer, bien sûr), les Anglais n'ayant jamais senti leur langue menacée. Car l'histoire semble démontrer que le fait de subir une forme ou une autre d'oppression aux mains d'un autre peuple constitue une véritable condition préalable à l'éveil de sentiments nationaux forts (et même parfois trop forts)[9]. Ceci dit, peut-être les récentes démarches d'affirmation des autres nations britanniques auront-elles pour effet de fouetter le nationalisme anglais au point d'inciter les Anglais à réclamer une assemblée — ou deux, ou trois — qui leur appartienne en propre[10]. S'il devait y en avoir plus d'une, on parlera alors en Grande-Bretagne de reconnaissance étatique d'un autre type de communauté, qui émerge sur la base de l'importance accordée par ses membres à la région où ils vivent.

Il devrait donc être clair que l'État fédéral britannique ne peut être considéré comme l'instrument exclusif d'une seule communauté. Cependant, il *est* l'expression d'une seule citoyenneté, c'est-à-dire la communauté civique formée par l'ensemble des citoyens britanniques (les nouvelles assemblées peuvent aussi être vues comme le siège de leur citoyenneté respective). Ce que je veux dire ici, c'est qu'à tout le moins dans l'Occident moderne, il nous faut considérer la citoyenneté, et rien d'autre, comme l'essence de ce qui fait d'un pays un tout. Ainsi, chaque pays constitue une communauté civique qui doit englober toutes les autres communautés, sans oublier les individus, qui évoluent en son sein. Trop peu de penseurs politiques, tant du côté des monarchistes que des polyarchistes, ont pleinement saisi cela.

L'idée d'une communauté de citoyens, comme je l'ai indiqué précédemment, nous vient de la tradition républicaine classique. Pour les républicains classiques, les citoyens ne doivent être considérés comme des « patriotes » que lorsqu'ils manifestent une volonté de répondre aux conflits par la conversation, c'est-à-dire de concilier leurs différences dans le but de préserver le bien commun. Dans ce contexte, les lois sont promulguées dans le but d'assurer la justice, celle-ci étant l'expression de cette vérité que cherche à atteindre toute conversation politique. Et comme la vérité, c'est bien connu, est libératrice, on peut dire que la décision de pratiquer un type de politique où la conversation joue un rôle primordial mène à l'affirmation d'une forme de liberté qui est spécifiquement politique, à la différence de la liberté nationale ou individuelle. La liberté politique se distingue de ces deux dernières en ce qu'elle n'existe que lorsqu'une communauté de citoyens arrive à se donner des lois qui réussissent, jusqu'à un certain point, à mettre en valeur les biens qui comptent pour eux.

Le patriote moderne est conscient, toutefois, que les efforts pour arriver à la liberté politique risquent souvent d'échouer, que la conversation politique avorte dans bien des cas et que, dans ces circonstances, il devient légitime, pour les personnes concernées, de se tourner vers la négociation. Aux yeux des républicains classiques, cette façon de procéder est considérée comme un signe de corruption et trahit l'émergence, au sein du corps politique, de factions qui doivent aussitôt être éliminées par des mesures parfois draconiennes — celles proposées par Machiavel étant les plus connues. C'est donc, pouvons-nous affirmer, la plus grande ouverture du moderne aux différences qui a permis l'émergence d'un patriotisme suivant lequel il peut arriver, compte tenu du fait que la perfection n'est pas de ce monde, que les personnes prenant part à un conflit n'aient parfois d'autre choix que de rechercher le compromis qui leur fera le moins de tort possible et qui nuira le moins possible au bien commun. Cette façon de procéder, selon moi, équivaut non pas à sombrer dans les querelles de factions, mais à faire preuve de réalisme, et rien ne pourrait être plus patriotique.

La façon dont les citoyens accomplissent tout ça, c'est-à-dire converser et négocier afin d'établir leurs orientations politiques, constitue la culture politique qu'ils partagent, ce type de culture étant distincte de celles qui se situent davantage dans la société civile, soit les cultures des communautés nationales, ethniques, religieuses et régionales. Le fait que les parlements de la Grande-Bretagne d'aujourd'hui revendiquent différents degrés et types de pouvoirs indique que les cultures politiques peuvent varier non seulement en raison de divergences en matière d'idéologie, mais aussi en raison des multiples façons dont elles se combinent et s'intègrent avec ces autres communautés. L'asymétrie marquée du fédéralisme britannique contemporain n'a donc rien d'étonnant.

II

Ces exemples relativement peu sujets à controverse tirés de la situation britannique devraient aider à faire les distinctions nécessaires en ce qui a trait au Canada. J'aimerais montrer que les différentes communautés canadiennes sont suffisamment distinctes les unes des autres pour faire en sorte que, même si le Canada constitue un tout, celui-ci ne soit pas unifié pour autant. En revanche, ces communautés ont suffisamment de choses en commun pour que ce tout soit plus ou moins intégré ; les lignes qui en séparent les parties devraient donc être pointillées plutôt que continues.

Pour commencer, permettez-moi de déclarer que le Canada n'est pas, et n'a jamais été, une nation. Un pays à part entière, certainement, doté d'un système étatique fédéral qui, depuis longtemps maintenant, est l'instrument d'expression d'un certain nombre de communautés citoyennes provinciales ainsi que d'une citoyenneté fédérale globale. Mais l'État centralisé à Ottawa, tout comme l'État britannique siégeant à Londres, ne devrait tout simplement pas être vu comme le reflet exclusif d'une seule nation. Plusieurs nations ont vécu sous sa gouverne, bien sûr, la première d'entre elles étant, comme nous l'avons vu, la nation canadienne-française, une communauté nationale prémoderne qui, avec le recul, serait peut-être mieux définie comme une communauté religieuse. Quelle que soit la terminologie choisie, il nous faut reconnaître que ce Canada français n'est plus que chose du passé, et que le terme « Canadien français » renvoie aujourd'hui tout au plus à un groupe linguistique et non plus à une communauté à part entière. Si, jadis, le diocèse d'Ottawa faisait partie de la province ecclésiastique de Québec[II], la sécularisation a créé une importante distinction entre les communautés francophones qui vivent à l'extérieur du Québec — les Franco-Ontariens, les Franco-Manitobains, les Acadiens, etc. — et celle qui existe à l'intérieur de la province. Car ces Canadiens français ne considèrent plus le Québec comme le centre d'une vaste communauté à laquelle appartiendraient tous les francophones ; ils constituent plutôt des communautés régionales-ethniques distinctes et à part entière[12]. À l'intérieur du Québec, les transformations sociales déclenchées dans les années 1960 par la Révolution tranquille ont fait en sorte que les Canadiens français de la province en sont venus à former une nouvelle communauté, la nation québécoise, dont les membres ont largement transféré leur allégeance institutionnelle de l'Église à l'État, centralisé dans la ville de Québec. Et le fait que les États possèdent des frontières beaucoup plus nettes que n'importe quelle Église[13] est une raison supplémentaire de souligner le caractère distinct des Québécois du Québec et des autres Canadiens français vivant à l'extérieur de cette province. Mais il reste que l'ensemble des Canadiens français contemporains conservent tout de même un certain degré d'intégration, compte tenu de leurs origines communes remontant au Canada français d'antan. Ils ne devraient donc pas être considérés comme séparés ou conceptuellement indépendants les uns des autres : pas question, donc, de tracer entre eux une ligne continue.

Si les Québécois sont aujourd'hui dans la trentaine, c'est aussi l'âge d'une autre communauté nationale nouvellement arrivée sur la scène canadienne : le Canada anglais. On peut dire d'elle qu'elle a connu une évolution inverse à celle du Canada français en ce qu'elle est passée du statut de groupe linguistique à celui de communauté nationale. Ceci dit, le Canada anglais d'aujourd'hui est, comme le faisait fort pertinemment remarquer Ian Angus, « une nation dont l'absence de conscience d'elle-même confine à la légende[14] ». Cela, à mon sens, découle directement de ses origines. Car si la nation québécoise a vu le jour au terme d'un processus semblable à celui du « modèle allemand », suivant lequel un État ne se forme qu'*après* la réalisation de certaines transformations sociales, l'évolution de la nation canadienne-anglaise, ironiquement, tient davantage du « modèle français », suivant lequel un État pré-existant, dans ce cas celui qui siège à Ottawa, ouvre la voie à la création d'une nation[15]. Mais en raison du rôle fondamental qu'a joué cet État dans ce processus, bien des gens en sont venus à le confondre (lui qui, je le répète, doit être vu d'abord et avant tout comme l'expression de la communauté civique qu'est le Canada) avec la nation canadienne-anglaise. C'est pourquoi on s'est mis à parler d'un soi-disant nationalisme « canadien », « pan-canadien », « anglo » et « canadien-anglais », comme si tous ces termes faisaient référence à une seule et même réalité[16].

Afin de dissiper cette confusion, nous devons comprendre clairement comment, précisément, la nation canadienne-anglaise a vu le jour. Et pour ce faire, il nous *faut* nous pencher sur l'évolution de l'État canadien. Par-dessus tout, ce sont les changements survenus au lendemain de la Deuxième Guerre mondiale qui ont mené à la consolidation et à la plus grande indépendance de cet État, et donc à sa capacité d'engendrer une nation. Car la guerre a fait éclore, au Canada, un sentiment de fierté à l'égard des exploits réalisés sur les champs de bataille, tout en entraînant un déclin de l'influence britannique sur le pays. De plus, les responsables fédéraux, peu disposés à renoncer aux pouvoirs qu'ils avaient acquis face aux provinces dans le cadre de l'effort de guerre, se sont mis à invoquer les exigences de la gestion économique selon les doctrines keynésiennes ainsi que la nécessaire mise en place de programmes sociaux plus solides. L'une des mesures les plus importantes prises par cet État investi de nouveaux pouvoirs a été l'adoption des recommandations de la Commission royale d'enquête de 1949 sur l'avancement des arts, des lettres et des sciences. S'est ensuivi un soutien gouvernemental plus actif des productions culturelles par la formation du Conseil des Arts du Canada de même que la mise sur pied d'un programme de subventions fédérales destiné aux universités[17]. Ce sont ces changements, plus que tout autre, qui ont donné lieu à une transformation de la société civile anglophone et ouvert la porte à l'avènement de la nation canadienne-anglaise, qui, selon moi, remonte à la fin des années 1960.

Aucun penseur n'est plus sensible à la réalité canadienne-anglaise que Philip Resnick[18]. Toutefois, sa compréhension historique de cette réalité diffère quelque peu de la mienne, pour une raison qui, je le soupçonne, tient à son incapacité à concevoir qu'un ensemble de citoyens puisse constituer une communauté à part entière. Car si Resnick semble faire la distinction entre un État—ses lois, ses structures et ses institutions—et une nation, il ne conçoit pas le premier comme l'expression d'une communauté dont *tous* les Canadiens feraient partie. Ainsi, selon lui, l'autonomie croissante de l'État canadien à partir de 1867 favorise la montée de la nation canadienne-anglaise. Il ne situe pas cette dernière à l'intérieur de la société civile, et c'est pourquoi, pour lui, on peut logiquement parler d'une culture *politique* canadienne-anglaise distincte, différente des cultures politiques des autres Canadiens[19]. J'ai mentionné précédemment, toutefois, que les nationalistes ne s'intéressaient pas particulièrement à la politique et qu'ils y avaient recours seulement lorsqu'ils croyaient que leur nation n'avait pas reçu une reconnaissance suffisante de l'État ou des États concernés. Resnick souligne l'absence de pouvoir de l'État qui siège aujourd'hui à Ottawa, dont la dépendance politique et économique, à son avis, n'aurait fait que passer de la Grande-Bretagne aux États-Unis ; ainsi, il rend l'État responsable de la faiblesse de l'identité nationale canadienne-anglaise contemporaine[20]. J'affirme, pour ma part, que le Canada anglais en tant que nation n'a vu le jour que dans les années 1960, et que son identité n'est pas tant faible que cachée.

Qui est responsable de cette invisibilité ? Plus que quiconque, Pierre Trudeau et ses partisans sont à blâmer, car c'est Trudeau qui a fait en sorte que l'État, celui-là même par qui a eu lieu la genèse du Canada anglais, en vienne à défendre une théorie neutraliste de la justice qui ne laisse aucune place à la reconnaissance nationale. C'est la raison pour laquelle les nations qui existent en son sein ont été, au mieux, ignorées et passées sous silence. C'est aussi pourquoi Trudeau a rejeté tout ce que la Commission royale sur le bilinguisme et le biculturalisme avait à dire à propos du biculturalisme, en affirmant, malgré l'évidence du contraire, que le pays n'abritait qu'une seule « communauté nationale ».

Mais cette communauté n'est pas vraiment « nationale », ni même réellement une « communauté ». Parce qu'en réalité, la doctrine du « nationalisme civique » que l'on attribue parfois à Trudeau n'est pas compatible avec l'affirmation d'une forme réelle de communauté. En effet, loin d'être axée sur un bien commun précis partagé par un groupe de personnes spécifique dans un contexte historique donné, elle a pour principal objectif de défendre une série de règlements systématiques auxquels elle attribue une validité universelle, règlements qui, nous l'avons vu, préconisent essentiellement un respect des droits individuels qui est censé conférer une unité à l'ensemble des individus. Ici, nulle trace d'un bien commun partagé par un ensemble de citoyens, car l'idée qu'une communauté historique puisse se baser sur la volonté des citoyens de converser entre eux est totalement étrangère à cette doctrine. On ne parle pas plus de nation : on met l'accent sur l'État et sa constitution plutôt que sur l'héritage d'une culture sociétale, distincte de la culture politique. En fait, face aux revendications nationalistes de reconnaissance étatique, le nationaliste civique oppose toujours un refus catégorique, car il suppose d'emblée que cette reconnaissance est incompatible avec le respect de l'individu qui, seul, jouit d'un statut absolu et incontestable. Cette position est attribuable à un autre présupposé erroné, suivant lequel l'appartenance à une nation est invariablement une question de biologie, et que les nations constituent pour la plupart des groupes ethniques dont les défenseurs épousent la doctrine douteuse du « nationalisme ethnique ». Mais cette forme d'appartenance, comme nous l'avons vu, ne s'applique qu'à certaines nations ; de toute façon, qui peut prétendre qu'une reconnaissance étatique soit toujours une revendication illégitime, qui ne vaut même pas la peine qu'on en discute ? Pour les tenants du nationalisme civique, l'existence de communautés qui ne peuvent être entièrement réduites aux individus qui les composent est considérée comme une menace à l'intégrité du pays. Mais une intégration réelle, je l'ai déjà dit, ne peut venir de l'imposition de règlements doctrinaux, quel qu'en soit le degré d'unification théorique, mais se réalise plutôt à partir de la volonté des citoyens et de leurs représentants de converser entre eux dans le but de faire valoir le bien commun. Toute communauté qui procède ainsi non seulement ne se sent pas menacée par la diversité, mais y est entièrement ouverte. La vision « unifiée » que le nationalisme civique a d'un pays, toutefois, a entièrement l'effet contraire, avec pour résultat que les nations telles que le Canada anglais tombent dans l'invisibilité totale.

La capacité de faire la distinction entre citoyens et nations nous permet aussi d'interpréter autrement les inquiétudes de Resnick à propos de l'indépendance de l'État canadien. Car cela signifie que nous sommes en mesure de distinguer entre l'« indépendance politique », élément d'importance centrale pour les communautés de citoyens, l'« intégrité socioculturelle », qui concerne les communautés, dont les communautés nationales, qui se situent dans la société civile, et le « contrôle économique », qui peut être utile à ces deux types de communautés. C'est l'absence de telles distinctions qui, à mon avis, est la source de tous ces propos confus sur l'ascension et la chute du « nationalisme canadien ». Car la communauté nationale moderne évolue, en grande partie, non seulement au sein de la société civile, mais plus précisément dans la partie de cette dernière que l'on appelle la « sphère publique » — distincte de l'« économie de marché » —, sous-domaine où se déroulent les pratiques non économiques. Si l'incapacité d'une nation à exercer un contrôle suffisant sur l'État ou sur l'économie peut constituer un indicateur du degré de liberté dont elle jouit, cela ne veut pas nécessairement dire qu'il faille remettre en question son existence même. Après tout, un groupe d'amis peuvent louer et non acheter l'appartement où ils vivent, sans que cela empêche cet appartement de constituer pour eux un véritable foyer. En fait, même s'ils étaient emprisonnés ensemble, leur amitié survivrait probablement et ressortirait peut-être même grandie de cette expérience.

Les inquiétudes en matière d'indépendance sont néanmoins compréhensibles quand on les conçoit comme des préoccupations sur l'impact d'une absence de souveraineté sur la *culture*, qu'elle soit politique, sociétale ou économique. Mais quel sens devons-nous donner à ce terme à l'ambiguïté notoire ? Je crois que nous ferions bien de commencer à répondre à la question en partant des trois définitions de la culture élaborées par Northrop Frye. Frye explique qu'il y a la culture en tant que mode de vie, qui se manifeste dans les vêtements que les gens portent, ce qu'ils mangent et boivent ainsi que la façon dont ils effectuent leurs autres rituels sociaux habituels (par exemple, le pub anglais et le bistrot français représentent des différences culturelles de mode de vie). Il y a également la culture en tant que patrimoine commun, c'est-à-dire les coutumes et la mémoire historique, qui se transmettent surtout par une langue commune, et finalement la culture en tant que production culturelle réalisée dans la société, soit la littérature, la musique, l'architecture, la science, les connaissances et les arts appliqués[21].

En ce qui a trait à la première catégorie, le Canada n'a jamais possédé un style de vie particulièrement distinctif, selon Frye, mais plutôt largement comparable à celui de la population vivant dans la partie septentrionale des États-Unis. Les caractéristiques de ce style de vie, ajoute-t-il, se répandent rapidement au reste du monde en raison de la mondialisation croissante de la société civile qui, ne serait-ce que pour des raisons d'ordre technologique, tend vers une uniformisation de plus en plus grande[22]. Pour ma part, je crois que Frye exagère les similitudes de ce mode de vie, non seulement entre les pays mais aussi à l'intérieur d'un même pays. Car il existe de profondes différences entre les communautés vivant à l'intérieur des mêmes frontières géographiques, par exemple entre les urbains et les ruraux, et même entre des groupes de personnes vivant au sein d'une même communauté. Ainsi, il est fort probable qu'un jeune citadin professionnel résidant à New York ait bien des choses en commun avec une personne vivant à Paris dans les mêmes conditions socioéconomiques, mais qu'aucun d'entre eux n'a beaucoup de points communs avec les résidants des quartiers pauvres de leur ville respective. Un même style de vie n'est jamais partagé par l'ensemble des habitants d'un même pays, pas plus qu'il ne caractérise la totalité des membres de chacune des communautés qui le composent, et certainement pas au point de servir à les distinguer les unes des autres. Bref, le style de vie ne peut tout simplement pas constituer le fondement d'une communauté.

En ce qui a trait à la culture en tant que patrimoine commun, on *peut* dire que les anglophones du Canada possèdent un tel patrimoine, même s'il ne s'agit pas d'une culture qui les distingue des autres Canadiens et qui leur est propre. Je pense ici à la culture politique plutôt que sociétale que tous les Canadiens partagent de par leur appartenance de longue date à la communauté citoyenne canadienne centralisée à Ottawa. En ce qui a trait à la culture sociétale, le Canada anglais ne peut revendiquer un héritage qui lui soit propre, pour la simple raison qu'il est tout simplement encore trop jeune pour l'avoir acquis[23].

Il en va tout autrement, cependant, quand vient le temps de trouver une version proprement canadienne-anglaise de la troisième catégorie, soit la production culturelle. Au cours des années 1960, la culture du Canada anglais a commencé à s'imposer vraiment, en accouchant, entre autres, d'une littérature distincte possédant une résonance et une intégrité remarquables[24], de même que d'un riche et stimulant répertoire de musique folk et pop, de Stan Rogers à Joni Mitchell en passant par Leonard Cohen, Michie Mee, Scott Merritt et les Tragically Hip[25]. C'est grâce à cet épanouissement culturel que les diverses communautés anglophones du pays se sont intégrées les unes aux autres dans certains domaines sociaux pour ne former qu'une seule nation canadienne-anglaise.

Compte tenu de sa culture sociétale, la nation canadienne-anglaise du Canada d'aujourd'hui peut être décrite comme une communauté pleine de vitalité qui s'affirme de plus en plus, même si elle se trouve dans une situation similaire à celle de la nation anglaise dans la Grande-Bretagne contemporaine pour ce qui est de ses relations avec les autres nations du pays et de la conscience qu'elle a d'elle-même. Par ailleurs, on serait en droit de se demander s'il vaut la peine de parler de nation lorsqu'un si grand nombre des individus qui la composent refusent de s'identifier comme des membres de ladite nation. Après tout, j'ai bien dit que l'auto-identification positive était une condition essentielle pour faire partie d'une communauté, quelle qu'elle soit. Le problème, encore une fois, tient à l'influence que certaines doctrines monarchistes — en particulier la doctrine théorique de Trudeau — ont eu sur un grand nombre de Canadiens anglais. Cependant, je dirais que dans l'importante étude menée en 1991 au pays sur les attitudes en matière d'appartenance ethnique et de citoyenneté, les anglophones qui se sont identifiés comme « Canadiens » faisaient essentiellement référence à la nation canadienne-anglaise. Car dans le questionnaire, il était clair que « Canadien » ne se rapportait pas à la citoyenneté : non seulement toutes les réponses possibles à la question étaient-elles de nature sociétale, et non pas politique, mais la question précédant immédiatement celle qui intéresse tout particulièrement notre propos sous-entendait que « Canadien » faisait référence à un genre de « groupe ethnique ou culturel », ce qui, encore une fois, relève davantage du sociétal que du politique[26]. Tout cela porte à croire, par conséquent, qu'il existe bien plus de nationalistes canadiens-anglais qu'ils n'en sont eux-mêmes conscients.

La reconnaissance de l'avènement d'une nation canadienne-anglaise ne signifie en aucun cas que celle-ci a remplacé les diverses communautés ethniques, religieuses et régionales qui l'ont précédée, ou même qu'elle pourrait exister indépendamment de celles-ci. La principale raison pour laquelle il vaut mieux faire des distinctions au moyen de traits pointillés plutôt que de traits pleins est que cela nous permet de rejeter l'idée suivant laquelle les allégeances communautaires constituent un jeu à somme nulle. Après tout, les romans de Mordechai Richler, un

Juif canadien, ne sont-ils pas considérés parmi les œuvres les plus importantes de la littérature canadienne-anglaise, au même titre que ceux de Gabrielle Roy, une Franco-Manitobaine, figurent parmi les joyaux de la littérature québécoise ? Les exemples ne manquent pas. Mais la confusion persiste, en raison du fait que la nation canadienne-anglaise, comme nous l'avons expliqué, a vu le jour au terme de ce qu'on pourrait appeler une Évolution silencieuse plutôt qu'une Révolution tranquille. Les choses ne se clarifieront que lorsqu'un nombre suffisant d'entre nous comprendront la différence entre le Canada en tant qu'ensemble de citoyens et la nation canadienne-anglaise.

Et qu'en est-il des autochtones ? En général, on les considère comme un ensemble de nations, dont le degré de diversité se compare globalement à celui de l'Europe. Il faut savoir, toutefois, qu'un grand nombre d'autochtones ont quitté les réserves en direction des centres urbains. Ce faisant, beaucoup d'entre eux en sont venus à éprouver un sentiment identitaire moins prononcé en tant que membres de nations autochtones précises. Cela ne veut certainement pas dire qu'ils ne devraient plus être considérés comme des autochtones, mais plutôt qu'aujourd'hui, cette désignation a davantage un caractère ethnique que national.

Pour ce qui est des autochtones qui vivent toujours dans les réserves, une reconnaissance étatique de leur statut de nation est aujourd'hui plus pertinente que jamais. D'abord, la nationalité prémoderne ne s'est jamais appliquée aux autochtones, car ceux-ci ne pratiquaient pas le type de religion institutionnalisée caractéristique de ce type de communauté. La nation moderne, avec sa structure sociale relativement horizontale, c'est-à-dire égalitaire, pour peu qu'elle puisse s'appliquer aux communautés autochtones, demeure un modèle en grande partie occidental[27]. Ce n'est que récemment que les autochtones ont commencé à se considérer comme les « premières nations » du pays, et comme nous l'avons vu, l'auto-identification est une condition nécessaire, mais non suffisante, à l'existence d'une nation. Ceci dit, il me semble que les premiers colons européens ont eu plus raison que tort d'avoir considéré les autochtones comme des membres d'États souverains et d'avoir conclu des traités avec eux sur cette base — pratique qui, en dépit des objections, dont celles de John Locke lui-même[28], était largement compatible avec la conception des principaux constitutionnalistes de l'époque. En tout état de cause, cette façon de procéder était beaucoup plus défendable que la décision ultérieure de baser les relations avec les autochtones sur la très colonialiste Loi sur les indiens, adoptée à l'origine par le Parlement en 1876, dont l'ensemble d'entre nous (certains plus que d'autres, bien sûr) ressentons encore aujourd'hui les effets pervers[29].

Qu'en est-il des autres types de communautés du Canada contemporain ? Il existe un grand nombre de communautés ethniques, qui sont trop bien connues et nombreuses pour que je les énumère ici. Le Canada renferme aussi quatre communautés régionales — le Canada central (l'Ontario et le Québec), l'Ouest canadien (les provinces de l'Ouest, qui excluent parfois, bizarrement, la Colombie-Britannique), l'Est (les provinces de l'Atlantique) et le Nord[30]. Compte tenu de l'immensité de notre pays, c'est là un nombre de régions étonnamment peu élevé. Ce qui est moins étonnant, toutefois, c'est notre conscience déficiente, voire même notre incompréhension des diverses communautés citoyennes ou civiques qui vivent dans notre pays. Comme je l'ai indiqué précédemment, l'idée suivant laquelle chaque association politique devrait constituer l'expression d'une communauté de citoyens est la quintessence du patriotisme. Certaines de ces communautés existent sous une forme moins élaborée au sein d'associations autogérées évoluant à l'intérieur de la société civile, mais les plus importantes sont celles qui s'expriment par l'entremise d'un État, qu'il soit municipal, provincial ou fédéral. Ainsi, la Loi sur les langues officielles (1969) devrait être vue comme l'expression de la culture politique unique de l'État fédéral, car elle porte sur les langues employées dans l'exercice de ses fonctions et dans ses rapports avec l'ensemble des citoyens canadiens. D'où la croyance erronée qu'elle aurait été conçue pour donner naissance à une société canadienne pleinement bilingue et pour inciter tous les Canadiens, pas seulement ceux qui s'intéressent plus que les autres à la politique fédérale, à parler couramment le français et l'anglais. Mais ceux qui font cette erreur sont encouragés en ce sens par la loi elle-même, qui exerce ses effets jusqu'aux confins de la société civile en exigeant que tous les produits de consommation — même ceux qui sont destinés aux coins les plus reculés des régions les plus unilingues du Québec ou de l'Alberta — aient un emballage bilingue.

Parce qu'elles constituent l'expression d'une culture dans le deuxième des trois sens du terme énoncés par Frye — celui qui se rapporte à un héritage commun fait de coutumes et de mémoire historique —, il est logique de nous interroger sur l'idéologie des diverses communautés citoyennes du Canada, l'idéologie étant la principale caractéristique d'une culture politique. Si l'on s'en tient à la communauté citoyenne qui s'étend dans tout le pays et qui est centralisée à Ottawa, je crois que nous pouvons dire qu'elle a adopté, en grande partie, l'idéologie du libéralisme (qui est en constante évolution), du moins depuis la fin de la Deuxième Guerre mondiale. Qu'il prenne la forme du pluralisme d'un Mackenzie King ou d'un Jean Chrétien (lorsque ce dernier ne se laisse pas tenter par la *realpolitik*, bien sûr), du neutralisme d'un Trudeau ou du patriotisme qui, hélas, n'a pas encore eu pleinement droit de cité dans le cadre de la pratique politique canadienne, le libéralisme, plus que toute autre idéologie, a servi de « foyer » à notre culture politique et occupé le centre de notre échiquier politique ; par conséquent, il a été la principale idéologie de tous les partis politiques aspirant sérieusement à se faire élire et à former un gouvernement dans notre pays[31]. Bien sûr, l'aile la plus sociale-démocrate du Nouveau parti démocratique ou la plus conservatrice du nouveau Parti conservateur du Canada aimeraient bien que cette idéologie change. Mais jusqu'à présent, elles ont été incapables de convaincre une majorité de Canadiens de les suivre.

L'idéologie imprègne l'ensemble des pratiques des communautés citoyennes, notamment l'élaboration des politiques publiques, la prestation de services, la gestion de l'économie ainsi que la reconnaissance des nations et des régions. En ce qui a trait à ce dernier point, l'existence même de gouvernements provinciaux, territoriaux et municipaux témoigne d'une reconnaissance des régions (et permet aussi, bien sûr, l'expression de diverses communautés civiques). Les différences régionales, en particulier, ont été responsables de l'avènement d'un fédéralisme qui est *de facto* asymétrique, ce qui n'a rien d'étonnant compte tenu de l'immensité de notre pays, où règne une grande diversité d'expériences politiques.

Toutes ces pratiques, toutefois, ne peuvent être accomplies adéquatement que si l'on garde à l'esprit que les divers États qui les mettent en œuvre doivent être, avant toute chose, le foyer de communautés à part entière, et que ces communautés sont de nature civique plutôt que nationale, leurs membres ayant la responsabilité de concilier leurs différences et de s'efforcer de faire fidèlement valoir les biens que *tous* ont en commun. C'est pourquoi, à la lumière de ce qui précède, nous sommes en droit de nous interroger sur des décisions comme celle de désigner le corps législatif exerçant ses activités dans la ville de Québec sous le terme d'« Assemblée nationale ». Étant donné que la nation à laquelle il est fait référence dans ce cas est la nation québécoise, le fait d'appeler la législature une assemblée « nationale » contredit le principe voulant que si le gouvernement provincial a certainement une responsabilité toute particulière envers cette nation, la province doit aussi être au service de la portion de ses citoyens qui n'en font pas partie. Par exemple, la grande majorité des citoyens autochtones ou canadiens-anglais du Québec, en particulier ceux qui ne peuvent parler français ou qui ne vivent pas une portion importante de leur vie dans cette langue (et qui s'identifient d'autant moins à la culture québécoise), ne peuvent être considérés comme des Québécois. Ce qui est problématique avec le terme d'assemblée nationale, c'est qu'il ne tient pas compte du fait que certains citoyens du Québec ne sont pas des Québécois. Si la reconnaissance, par l'État provincial, de la nation québécoise (par la prise de certaines mesures comme l'adoption de la Loi 101, conçue pour protéger et promouvoir la langue française dans la province) est parfaitement justifiée, la présence, dans la province, d'autres nations signifie qu'il faut trouver les moyens de s'assurer qu'elles aussi obtiennent une reconnaissance en tant que « sociétés distinctes ».

Pour en revenir au Canada dans son entier, je suis d'avis que seule une vie politique se déroulant dans le contexte d'une citoyenneté partagée assurera une prise en compte réelle de la diversité du pays. Pour en arriver à une telle façon de faire de la politique, les membres de toutes les communautés canadiennes doivent se considérer comme reliés les uns aux autres jusqu'à un certain point, ce qui veut dire que chaque personne doit être consciente du bien unique que partagent tous les résidants du pays, et qui constitue l'assise de leur citoyenneté canadienne. Jusqu'ici, j'ai davantage insisté sur les liens qui existent à l'*intérieur* de trois groupes de communautés existant au pays : les francophones, les anglophones et les autochtones. Mais qu'en est-il des liens qui existent entre elles ? L'un des obstacles à ce type d'analyse est que chacun de ces trois groupes contient une nation, ou un groupe de nations, et que pour une raison ou pour une autre, les nationalistes montrent peu d'enthousiasme à l'idée que leur nation puisse être, ne serait-ce que jusqu'à un certain point, intégrée à d'autres communautés, en particulier lorsque ces autres communautés sont elles-mêmes des nations. Prenons, par exemple, cette remarque de Ian Angus concernant le Canada anglais :

Le contexte de l'affirmation contemporaine d'autres identités nationales à l'intérieur du Canada est l'une des raisons principales pour lesquelles il vaut mieux que toute définition de notre identité se fasse au Canada anglais. Si nous devons négocier avec ces groupes sur l'avenir du pays, nous devons avant tout examiner qui nous sommes en tant que partie à cette négociation et reporter jusqu'à ladite négociation les questions relatives à ce que nous partageons et à la possibilité d'acquérir une identité commune[32].

Le problème, ici, c'est que même si la question relative à ce que nous partageons en tant que Canadiens relève certainement d'une préoccupation patriotique, l'approche d'Angus fait tout sauf nous aider à éclaircir les choses à cet égard. Cela s'explique non seulement par le fait qu'il semble croire que le dialogue politique se limite à la négociation, mais aussi parce que, conformément à cette idée, il souhaite clairement que les parties élaborent leur position sur la place qu'elles occupent au pays chacune de leur côté, *isolées* les unes des autres, avant de se rencontrer pour parler. Mais si on souhaite, comme c'est clairement le cas pour Angus, se porter à la défense d'un Canada multiculturel dont certaines des cultures ont un caractère national, alors les nationalistes qui défendent ces cultures doivent comprendre que l'identité nationale, tout comme l'identité personnelle, est plus facile à appréhender dans le cadre d'une conversation avec les autres[33]. Par conséquent, pour élaborer une conception adéquate du Canada anglais, et par le fait même de toutes les nations du pays, il vaut mieux concevoir celles-ci non pas comme des entités séparées les unes des autres et de toutes les autres communautés autour desquelles elles se sont constituées, mais plutôt comme le fruit, au moins partiel, d'un dialogue soutenu entre elles. Car un dialogue sans interlocuteur n'est qu'un monologue, et les monologues ne mènent jamais bien loin.

NOTES

1. Voir Martin Heidegger, *Être et temps*, paragraphe 41.

2. Voir Aristote, *Éthique à Nicomaque*, livres VIII-IX.

3. Pour ce qui suit, j'ai trouvé particulièrement utile le recueil de textes rassemblé par Bernard Crick, *National Identities : The Constitution of the United Kingdom*.

4. Jeff Jacoby, « "The Essence of Greekness", So Far Away from Home », p. 7.

5. Voir, par exemple, Benedict Anderson, *L'imaginaire national : réflexions sur l'origine et l'essor du nationalisme*.

6. Adrian Hastings défend cette position en affirmant que le principal facteur de transformation des groupes ethniques en nations a été l'acquisition d'un langage vernaculaire oral, processus qui s'est intensifié lorsque la Bible a été traduite en différents langages. Voir Hastings, *The Construction of Nationhood : Ethnicity, Religion and Nationalism*.

7. Non pas que les nations modernes soient nécessairement aussi irréligieuses que l'on a souvent tendance à le supposer. Pour une réflexion à ce sujet, voir mon article « The Importance of Language in the Life of Nations ». Mais cette évolution du concept de nation est compatible avec l'idée, issue de l'herméneutique, suivant laquelle le sens des concepts politiques, et donc des idéologies qui en découlent, évolue. Voir Michael Freeden, *Ideologies and Political Theory : A Conceptual Approach*, première partie. Freeden présente dans son livre une argumentation particulièrement convaincante en ce qui a trait à l'évolution du libéralisme (voir la deuxième partie), idéologie qui, depuis John Stuart Mill, ne devrait plus être identifiée aux doctrines de John Locke, entre autres.

8. Pour une analyse du contraste entre la religiosité hautement publique et axée sur l'État de la communauté de l'Ulster et le nationalisme des Écossais, qui en général sont plus séculiers, et dont la population protestante en est venue à considérer sa religion comme une affaire avant tout privée, voir Steve Bruce, « Protestantism and Politics in Scotland and Ulster ».

9. Voir Isaiah Berlin, « La branche ployée (sur la montée du nationalisme) ».

10. Il est difficile de déterminer ce que ce nombre devrait être exactement. Mais s'il y a plus qu'une assemblée, alors la distinction déjà inscrite dans la culture populaire entre le nord et le sud de l'Angleterre tiendra probablement lieu de ligne de démarcation décisive. Voir, par exemple, Beryl Bainbridge, *Forever England : North and South*.

11. Voir A.I. Silver, *The French-Canadian Idea of Confederation, 1864-1900*, p. 11-16, et Kenneth McRoberts, *Développement et modernisation du Québec*, p. 117.

12. J'emploie ici, pour qualifier ces communautés, l'adjectif « régionales-ethniques » dans le but de faire ressortir le fait qu'elles se situent, à des degrés divers, entre la nation et l'ethnie. Voir Joseph Yvon Thériault, « Entre la nation et l'ethnie », dans *L'identité à l'épreuve de la modernité : écrits politiques sur l'Acadie et les francophonies canadiennes minoritaires*.

13. Voir McRoberts, *Développement et modernisation du Québec*, p. 117-118 et 125-126.

14. Voir Angus, *A Border Within*, p. 205.

15. Voir Philip Resnick, « English Canada and Quebec : State v. Nation », dans *The Masks of Proteus : Canadian Reflexions on the State*, p. 208. Sur les modèles

allemand et français, voir Rogers Brubaker, *Citoyenneté et nationalité en France et en Allemagne*. L'ironie est d'autant plus grande à la lumière de l'argument d'Adrian Hastings (voir Hastings, p. 35-65, et 70-71), suivant lequel la nation anglaise a précédé la royauté qui l'engloba par la suite, processus de développement similaire aux modèles allemand et québécois ; le royaume écossais, quant à lui (notons en passant que certains Écossais aspirent aujourd'hui à une souveraineté hors de Grande-Bretagne), est antérieur à la nation, dont l'avènement a donc eu lieu de façon semblable à celui des nations canadienne-anglaise et française.

16. Voir, par exemple, Sylvia Bashevkin, *True Patriot Love : The Politics of Canadian Nationalism*, en particulier les chapitres 1, 7 et 8.

17. Voir McRoberts, *Un pays à refaire*, p. 48-49.

18. Voir Resnick, *The Land of Cain : Class and Nationalism in English Canada, 1945-1975*, « English Canada and Quebec : State v. Nation », dans *The Masks of Proteus*, ainsi que *Thinking English Canada*.

19. Voir, par exemple, *Thinking English Canada*, chapitre 4.

20. George Grant, on le sait, va encore plus loin, en affirmant que la dépendance du Canada envers les États-Unis signifie la mort de la nation canadienne (anglaise). Voir *Est-ce la fin du Canada ? Lamentation sur l'échec du nationalisme canadien*.

21. Voir Frye, « The Cultural Development of Canada ».

22. Voir *ibid.*, p. 132.

23. Ce qui, bien sûr, est moins vrai pour les Québécois, compte tenu du fait que leurs racines remontent à la nation (prémoderne) canadienne-française, beaucoup plus ancienne.

24. Voir Frye, « The Cultural Development of Canada », p. 129.

25. Pour ce qui est des mouvements artistiques antérieurs, comme les peintres du Groupe des sept ainsi que les écrivains et les poètes qu'ils ont inspirés, j'admets qu'ils avaient accompli une coupure nécessaire d'avec l'Europe afin de permettre l'épanouissement d'une sensibilité proprement nord-américaine. Mais si cette démarche était essentielle à l'émergence éventuelle d'une culture nationale anglo-canadienne distinctive, elle n'a pas pour autant marqué la naissance de cette culture, car le rejet de l'Europe et l'affirmation concomitante d'une sensibilité américaine y prenaient décidément trop de place. En outre, le Groupe des sept adhérait encore trop étroitement aux thèmes chers au naturalisme américain, et il était trop restreint géographiquement à la région du Bouclier laurentien pour être considéré comme représentatif d'un nationalisme englobant tout le Canada anglais. Il est intéressant de constater qu'en théâtre, George Luscombe n'a pas eu besoin de « surmonter » ses influences anglaises pour faire entendre une voix innovatrice et représentative du Canada anglais dans les années 1950 et 1960. Voir Neil Carson, *Harlequin in Hogtown : George Luscombe and Toronto Workshop Productions*.

26. Pour en savoir plus sur l'étude, voir Rudolf Kalin, « Ethnicity and Citizenship Attitudes in Canada : Analysis of a 1991 National Survey », p. 30.

27. Les communautés autochtones n'ont en fait jamais été structurées selon le modèle hiérarchique en provenance de l'Europe prémoderne. Ni les communautés nomades hautement égalitaires ni les chefferies sédentaires ou semi-sédentaires, où les choses se présentent de façon un peu plus com-

plexe, ne peuvent être décrites à proprement parler comme « autoritaires ». Pour une discussion à ce sujet, voir Olive Patricia Dickason, *Canada's First Nations : A History of Founding Peoples from Earliest Times*, p. 45-47.

28. Voir Tully, *Une étrange multiplicité*, p. 68-77.

29. Pour un compte rendu des manifestations de ces effets dans un grand nombre de communautés autochtones, voir Canada, *Rapport de la Commission royale sur les peuples autochtones*, vol. 3, *Vers un ressourcement*.

30. Selon ce que l'on désigne sous l'appellation de « théorie du pacte » de la confédération — suivant laquelle les unités de base du pays étaient les provinces —, les seules communautés qui comptaient à l'époque étaient celles que je définirais comme régionales. Pour un compte rendu détaillé du rôle de la théorie du pacte dans la politique constitutionnelle du Canada, voir Robert C. Vipond, *Liberty and Community : Canadian Federalism and the Failure of Constitutional Vision*.

31. Cette affirmation va dans le sens de la thèse de William Christian et Colin Campbell, intitulée *Political Parties and Ideologies in Canada*. Pour en savoir plus sur la notion de « foyer » idéologique, voir mon texte « Political Philosophies and Political Ideologies », p. 204-208.

32. Angus, *A Border Within*, p. 113. Notons que l'ouvrage d'Angus, bien que d'orientation surtout pluraliste, comprend également d'importants aspects postmodernistes.

33. Voir Paul Ricœur, *Soi-même comme un autre*, ou Charles Taylor, *Grandeur et misère de la modernité*, chapitre 4.

4

Qui nous pourrions être

J'aimerais maintenant expliquer en quoi la conception patriotique diffère des autres approches en ce qui a trait à diverses questions. En plus d'exprimer authentiquement les relations personnelles auxquelles nous prenons part, nos lois doivent aussi accorder leur dû aux relations à caractère public, en particulier celles qui sous-tendent les communautés. Parfois, comme dans le cas de l'amitié ou des pratiques religieuses publiques, il n'est pas nécessaire qu'une loi vienne régir la relation. Dans d'autres cas, par exemple lorsqu'il est nécessaire d'assurer la protection des enfants à l'intérieur de la famille ou d'accorder une reconnaissance adéquate à une nation, le recours à des lois devient approprié. Il importe de s'assurer que l'État est en mesure, en tout temps, d'exprimer fidèlement la diversité des biens qui existent dans la société. En fait, il pourrait s'agir ici de la première prémisse du patriote : que l'ensemble des biens existants soient pris en compte. Certains sont anciens, d'autres nouveaux, mais ils sont tout aussi « réels » les uns que les autres, et nos lois doivent s'efforcer de s'en faire l'expression la plus cohérente possible.

Bien sûr, il n'est pas rare que la façon de procéder pour arriver à cet objectif fasse l'objet de désaccords dans certains cas précis. Mais il nous arrive trop souvent, à nous les Canadiens, de ne pas nous montrer à la hauteur de la situation quand vient le temps de relever le défi que posent ces désaccords. Cette situation, je l'ai mentionné, est largement attribuable à la complaisance que nous avons héritée du mouton, qui a fait de la recherche de la paix et de l'ordre un impératif surpassant tous les autres. À l'évidence, il nous faut établir un nouvel équilibre entre notre âme de mouton et notre âme de loup, question qui fait l'objet du présent chapitre, où je me pencherai sur certaines des façons dont nous pourrions y arriver[1].

Le lecteur trouvera donc ci-après une série de suggestions sur la meilleure façon dont certains de nos présents désaccords pourraient être résolus. J'aborde également des questions — comme les réformes à apporter à certaines de nos institutions dans le but de favoriser la conversation — dont je ne peux que souhaiter qu'elles fassent un jour l'objet d'une controverse. J'ai choisi de laisser un grand nombre de questions en dehors de la discussion, toutefois, non pas parce que je les considère moins importantes, mais parce qu'elles relèvent davantage de la politique quotidienne et moins de la constitution, sujet qui m'intéresse ici au premier chef. Ceci dit, le caractère schématique de l'argumentation que je présenterai sur les diverses questions abordées ne tardera pas à vous sauter aux yeux. Or, cela s'explique fort aisément.

Comme je l'ai déjà mentionné, les conflits politiques sont essentiellement des différences d'interprétation, qui se manifestent sous la forme de désaccords entre des intervenants qui ont une compréhension différente de la façon dont certains biens doivent être exprimés dans la pratique. En suggérant aux personnes concernées de répondre à ces différences par la conversation, on fait une importante supposition : que leurs interprétations des choses ne sont pas parfaites, et qu'aucun individu ne peut, à lui seul, saisir totalement ce que nécessite la mise en valeur des biens auxquels il adhère. Ainsi, il est avantageux d'entreprendre une conversation avec nos opposants non seulement parce c'est un bon moyen de les persuader d'adopter notre point de vue, mais aussi parce que cette rencontre nous permet d'apprendre des choses qui pourraient transformer notre interprétation de la situation, rendant par le fait même notre position meilleure, plus fidèle aux biens dont elle est censée être l'expression. Mais pour en arriver là, comme je l'ai déjà indiqué, il faut se montrer réellement prêt à *écouter* ce que l'autre a à dire.

De plus, personne ne peut jamais prévoir où mènera une conversation. La conversation, telle que je la conçois, n'est pas une *méthode* de résolution des conflits, ni une technique ou une série de procédures à appliquer à la lettre, car cela supposerait qu'elle puisse se dérouler de façon complètement indépendante du contexte dans lequel elle s'inscrit. Or, je crois plutôt que la conversation exige une sensibilité à ce contexte, ainsi qu'un *engagement* véritable à tenir compte de toutes les particularités de ce dernier et à accepter l'ensemble de ses contingences. Par conséquent, il ne sert à rien d'élaborer à l'avance des conceptions théoriques sur la façon dont une conversation devrait se dérouler ou sur les rapprochements auxquels elle devrait mener. Cela reviendrait à faire passer la théorie avant la pratique, et entraînerait une distorsion de la question que les interlocuteurs cherchent à comprendre. C'est la raison pour laquelle je me borne à indiquer globalement la direction dans laquelle je crois qu'il faudrait aller pour que certaines conversations *puissent* éventuellement mener à une issue fructueuse. En effet, mon intention n'est pas d'élaborer des solutions tout seul de mon côté, mais plutôt d'encourager, voire même d'inspirer, d'autres personnes à participer à de vraies conversations où elles pourront elles-mêmes mettre de l'avant des solutions réelles. De même, s'il est nécessaire, selon moi, de mettre en lumière certains des obstacles à une telle approche, je ne crois pas qu'il m'appartienne de proposer des réformes institutionnelles complètes. Ce qui importe beaucoup plus, à ce stade-ci, c'est d'amener les autres à reconnaître l'existence de ces obstacles, et de montrer en quoi la conversation pourrait réellement contribuer à les surmonter. Si des conversations sur ces différents sujets étaient déjà entamées, il serait logique que j'y apporte ma propre contribution. Or, ce n'est pas le cas, d'où l'objectif plus modeste du présent chapitre.

LA RÉFORME CONSTITUTIONNELLE

Au cours des dernières années, on a souvent fait état de la « fatigue constitutionnelle » que l'on dit affliger de nombreux Canadiens. Il semble que nous ayons atteint un stade d'épuisement complet à la suite de nos interminables querelles constitutionnelles[2]. Cette situation a toutefois quelque chose d'ironique, car après tout, nous l'avons bien cherchée. Il est clair que l'une des principales sources d'insatisfaction face à l'accord du lac Meech était la façon élitiste avec laquelle il avait été élaboré, les premiers ministres ayant négocié derrière des portes closes avec très peu d'apport direct de la part des citoyens. En fait, des manifestations d'inquiétude à cet égard se faisaient déjà entendre en 1982, lors de l'élaboration de la Loi constitutionnelle. À propos de cette époque, Alan Cairns a fait le commentaire suivant :

> Dans les derniers jours de cette négociation frénétique, on pouvait trouver soit profondément choquant, soit extrêmement amusant de constater que la modification des droits qui allaient servir de protection dans l'avenir contre les décisions des législatures était réalisée par des premiers ministres exténués, entre le petit déjeuner et le lunch[3].

Mais ce n'était là qu'une autre manifestation de ce « fédéralisme exécutif » qui faisait depuis longtemps figure de tradition quand venait le temps de régler des questions importantes pour les provinces et le gouvernement fédéral, la constitution ne faisant pas exception à la règle. Mais les traditions peuvent toujours changer. Les critiques de ce mode de fonctionnement élitiste sont devenues si fortes au lendemain de Meech que les négociations qui ont suivi sur l'accord de Charlottetown (et qui se sont soldées par un échec) ainsi que toutes les autres propositions ultérieures de changement constitutionnel sont devenues pratiquement impensables sans la mise en place d'assemblées publiques ou d'autres formes de consultation populaire comme un référendum, dans le but de fournir à tout le moins une approbation démocratique *de facto* de toute proposition d'amendements.

Il est clair qu'une des raisons de cette fatigue constitutionnelle est que, même si les citoyens ne souhaitent en aucun cas manquer à leurs responsabilités politiques (comme l'indique clairement leur exigence de se voir inclus dans le processus de réforme constitutionnelle), il y a une limite à leur volonté de se préoccuper constamment de problèmes constitutionnels au détriment d'autres questions, politiques ou non. Néanmoins, j'aimerais suggérer qu'il existe une autre raison à notre fatigue constitutionnelle, qui tient à un aspect du processus de réforme qui est demeuré inchangé, même depuis qu'il s'accompagne d'une plus grande participation des citoyens : notre recours, en grande partie, à la négociation comme principale forme de dialogue.

La négociation, comme nous l'avons vu, est la marque de commerce de la polyarchie pluraliste, même si les polyarchistes adeptes de la *realpolitik* ainsi que les monarchistes y ont recours malgré eux lorsque tous les autres moyens d'imposer leur point de vue ont échoué. Au cœur de la négociation se trouve le compromis, et le compromis, comme l'a dit un jour Joseph Schumpeter de façon fort appropriée, ne peut que « mutiler et dégrader[4] » les biens ou les valeurs auxquels il s'applique. Le simple fait que ces biens et ces valeurs comptent au plus haut point pour les personnes concernées devrait suffire à nous convaincre, pour dire les choses crûment, que la négociation peut faire mal. Ainsi, l'un des résultats inévitables du passage à un processus d'amendement constitutionnel plus participatif mais toujours dominé par la négociation est qu'un grand nombre de personnes, en plus des politiciens professionnels, finissent par se «salir les mains», ce qui, comme le disent souvent les pluralistes, fait partie du jeu. D'où l'affirmation de Michael Walzer selon laquelle la politique, en particulier dans les sociétés multiculturelles, ne peut mener qu'à «des compromis dont les citoyens de la société démocratique et les membres de la communauté seront toujours insatisfaits»[6]. Car, comme nous le rappelle Peter Russell, la logique de la négociation est d'acculer ses opposants au pied du mur[7], et personne n'aime se trouver dans cette position.

L'esprit plutôt pessimiste qui caractérise le pluralisme n'a donc rien pour étonner. Le patriotisme, en revanche, permet d'emprunter une autre voie. Car si les personnes qui prennent part à un conflit essaient d'entreprendre une conversation qui vise le rapprochement plutôt que le compromis en ce qui a trait aux biens ou valeurs en jeu, il leur devient au moins possible de découvrir des façons de transformer ces biens et de les reformuler, donc de les améliorer. Si la conversation réussit, alors cela signifie que ces biens seront non seulement plus authentiques et davantage en harmonie avec tous les autres biens existants, mais aussi qu'ils auront plus de pouvoir et seront plus susceptibles de constituer une source de motivation pour ceux qui les font valoir. Après tout, plus la musique est entraînante, plus il y a de gens qui ont envie d'y danser.

Ainsi, lorsque James Joyce écrit, en contradiction directe avec les propos de Walzer, cités plus haut, que «la capacité d'entendre du citoyen profite à l'ensemble de la *polis*» (the hearsomeness of the burger felicitates the whole of the polis[8]), il est clair que l'écrivain fait référence à la même attention exigeante que j'ai définie plus tôt comme un préalable à l'écoute réelle, laquelle est essentielle à la conversation, et non à la négociation ; parce que pour arriver un jour à «profiter» à tous, la politique devra compter au moins quelques réussites à son actif en matière de rapprochement et de conciliation. Toutefois, une politique qui se limite à la négociation, laquelle ne fait que « mutiler et dégrader » les biens, ne procure jamais ce réel plaisir qui vient avec les rapprochements. Pensez à la satisfaction que l'on éprouve quand l'on a de la difficulté à exprimer quelque chose correctement, et que l'on finit par trouver les mots exacts qui permettent aux interlocuteurs de comprendre immédiatement. Ou prenons le cas de deux amis qui ont des goûts très divergents en musique et qui découvrent un morceau sur lequel ils aiment tous deux danser. Voilà qui est très différent de l'inconfort que l'on éprouve quand on est obligé de se résigner à faire des compromis, à employer un terme inadéquat ou à danser sur une musique que l'on n'aime pas.

Tout cela devrait mettre en évidence le net avantage qu'il y aurait à donner une place de choix à la conversation dans le cadre du processus de réforme constitutionnelle : au bout d'une démarche politique basée sur la conversation, les citoyens seront plus susceptibles d'être en accord avec les résultats atteints, donc de se sentir chez eux au sein de l'espace constitutionnel. Et lorsque cela se produira, je vous garantis que l'on ne parlera plus de « fatigue constitutionnelle ».

CONTRE LA CHARTE

Pierre Trudeau considérait que l'un de ses principaux objectifs en tant que chef du gouvernement était de combattre « les forces centrifuges qui risquaient de débalancer la fédération… par l'application d'une politique de société juste[9] ». Parmi ces politiques, la plus importante a été, bien sûr, la Loi constitutionnelle de 1982, assortie de sa Charte des droits et libertés[10]. Il y a ici une triste ironie, cependant. Car même si Trudeau et ses partisans ne s'en rendaient pas compte à l'époque, la Charte elle-même entraîne une dynamique largement centrifuge.

L'une des raisons de cet état de fait est que la Charte n'est en aucun cas unifiée, qualité à l'effet centripète que ses fondateurs auraient voulu lui conférer. Je rappelle que pour le théoricien neutraliste, les principes fondamentaux de gouvernance d'un pays sont censés constituer un tout systématiquement unifié, dont les parties sont imbriquées les unes aux autres de façon non contradictoire et pleinement compatible. Une constitution élaborée selon ce principe comporte des règles qui, lors de leur application, tiennent lieu de fondation unificatrice pour le pays : si tous les citoyens y accordent leur consentement, ou du moins y donnent leur adhésion en pratique, alors c'est comme si tous ne faisaient qu'un. Malheureusement, dans la réalité, la politique se déroule dans un monde inévitablement chaotique et — comme le pluraliste ne cesse de nous le rappeler — sale. Peut-être existe-t-il une unité au paradis, mais pas dans l'univers moral au sein duquel les humains évoluent présentement. Seuls les utopistes croient qu'il puisse en être autrement.

C'est pourquoi il n'est pas étonnant que divers observateurs soient d'avis que la Charte n'arrive pas a fournir une direction neutre et systématique face aux conflits. Car comme tous les textes, à l'exception des plus simples, elle est traversée par des tensions et des orientations conflictuelles, et toute prétention du contraire reviendrait à déformer les biens mêmes qu'on cherche à faire valoir. De plus, les divisions de la Charte sont exacerbées par un appareil judiciaire qui exerce ses activités, à l'instar de ses équivalents dans le monde anglo-américain, dans le contexte d'un système adversatif, ce qui constitue pratiquement une assurance que les décisions qui en émanent prendront, au mieux, la forme de règlements coercitifs plutôt que de règles expressives[II]. Enfin, le langage employé dans la Charte pour exprimer les biens mis de l'avant n'assure qu'une intégration minimale de ses parties, ce qui en fait un document fonda-mentalement fragmenté et porteur de fragmentation. Par consé-quent, il est à mon avis plus facile de comprendre la Charte si on la considère d'orientation pluraliste plutôt que neutraliste.

C'est parce que la Charte présente les biens qu'elle contient dans un langage axé sur les droits qu'elle possède ce caractère fragmenté. Car ce langage incite à la négociation, forme adversative de dialogue qui ne vise qu'à équilibrer les différents termes d'un conflit plutôt qu'à les intégrer les uns aux autres ou à les concilier. Cette dynamique se déroule selon la logique suivante : quand on considère une valeur ou un bien comme un droit, on le conçoit automatiquement comme une entité isolable et discrète (le droit à la libre expression, le droit à la sécurité personnelle, etc.), ce qui explique pourquoi les droits sont souvent mis de l'avant sous forme de programmes ou de listes. Et lorsque des éléments aussi indépendants les uns des autres entrent en conflit, le pluraliste a tendance à considérer qu'ils « se heurtent » ou qu'ils « s'affrontent » ; un conflit empreint d'un tel antagonisme ne pourra, au mieux, que mener à des accommodements. D'où cette observation de Jeremy Waldron : « Invoquer ses droits équivaut à se distancier des personnes à qui on présente une réclamation ; cela revient à annoncer, en quelque sorte, l'ouverture des hostilités, et à reconnaître que d'autres liens plus chaleureux comme la parenté, l'affection et l'intimité ne tiennent plus »[12]. Après tout, comme le dit la formule, il faut se battre pour ses droits.

Ainsi, affirmer ses droits revient à adopter une attitude d'affrontement, et aucune conversation n'est possible avec un adversaire. En fait, si l'une des parties à un conflit refuse d'écouter, alors la conversation devient tout simplement hors de question. Et s'il n'y a pas de place pour la conversation, alors il n'est pas non plus possible de mettre de l'avant le bien commun public qui, à la différence d'une théorie abstraite de la justice, est garant de l'intégrité réelle de toute communauté de citoyens. S'il est irréaliste de chercher à unifier une communauté politique, nous ne devrions pas pour autant abandonner toute tentative d'en rapprocher les parties et de les intégrer davantage les unes aux autres — à moins, bien sûr, de nous borner à nous exprimer en termes de droits. Or, c'est exactement ce à quoi mène la Charte ; nous devons aussi comprendre qu'elle nous incite à brandir nos droits non seulement, comme le prétend

Cairns, face aux gouvernements fédéral et provinciaux[13], mais aussi face aux autres Canadiens. Car comme Cairns le fait remarquer, le langage des droits « n'est plus seulement réservé aux démarches proprement juridiques, mais s'est insinué à l'intérieur de l'activité politique de tous les jours[14]. »

On peut dire que la Charte contribue à nous fragmenter et à nous diviser de deux façons. L'une tient à son multiculturalisme d'orientation pluraliste : en réclamant le respect des droits des femmes et des minorités comme les autochtones, les personnes frappées d'incapacité physique et les groupes ethniques, elle encourage la division, plutôt que l'intégration, entre ces personnes. Ce n'est pas, je le répète, la reconnaissance constitutionnelle de ces groupes qui constitue en soi un facteur de division, mais leur reconnaissance en termes de droits. Pour ce qui est de l'autre source de division, elle est d'ordre plus individualiste : les droits individuels que chérissait Trudeau mènent en bout de ligne à une fragmentation encore plus grande parce qu'ils reviennent à diviser les individus en décourageant directement l'affirmation de biens communs, ce qui entraîne du même coup la dissolution des communautés.

Mais la Charte n'a pas eu que des effets négatifs. Nous ne devons pas oublier que nous, Canadiens, avec notre préoccupation pour l'ordre directement inspirée du mouton, manifestons depuis longtemps une déférence exagérée à l'égard du gouvernement[15]. Nous pouvons donc dire que la Charte, en contribuant à freiner cette tendance, a aidé à faire disparaître un important obstacle à la conversation et aux rapprochements dans notre façon de faire de la politique. Mais n'importe quelle affirmation constitutionnelle de respect de l'individu aurait eu le même effet, et il n'était pas nécessaire de susciter une dynamique adversative et source de division en tablant avant toute chose sur l'affirmation des droits.

Je voudrais aborder ici une autre caractéristique de la Charte, un aspect que ses concepteurs lui ont *bel et bien* conféré, mais qui tend à affaiblir la communauté civique qui se trouve à la base de l'intégrité de notre pays : son caractère abstrait (« thin-ness »). Car les droits qui y sont inscrits ne sont censés se rap-porter à aucun contexte particulier, ce qui a donné lieu à la croyance dorénavant largement répandue que ces droits devraient s'appliquer à l'intérieur de toutes les démocraties constitutionnelles modernes[16], voire même, pour ceux qui adoptent un point de vue plus universaliste, à l'humanité tout entière[17]. En effet, comme l'a expliqué Cairns, le discours axé sur les droits qui est incorporé dans la constitution de la plupart des démocraties modernes a été inspiré par rien de moins que la Déclaration des droits de l'homme des Nations Unies[18]. Mais alors, sur quelle base pouvons-nous légitimement maintenir les distinctions et les frontières entre les divers pays concer-nés ? Car l'adoption de la Charte ne signifie pas tant que « les deux ordres de gouvernement [fédéral et provincial] font main-tenant face à des citoyens canadiens ayant des droits[19] », mais qu'ils ont dorénavant affaire à des *êtres humains* ayant des droits. En effet, la Charte fait plus que simplement « extraire psycho-logiquement les gens de leurs communautés provinciales[20] », elle les extrait de la communauté fédérale, c'est-à-dire de la citoyenneté canadienne elle-même. Comme le fait remarquer Cairns, les droits et libertés inscrits dans la Charte « ne s'appli-quent pas strictement aux citoyens, mais, selon le droit ou la liberté dont il est question, sont garantis à "tous", "toute personne", "chacun", "tout individu" ou "tout membre du public"[21] ». À partir de là, il fait une interprétation erronée lors-qu'il affirme, de concert avec bien des gens, que « la Charte dépeint les Canadiens comme une seule... communauté[22] », d'autant plus qu'elle confère aussi des droits à un certain nombre de communautés distinctes. Étant donné que l'en-semble de la population est considérée comme bénéficiaire de ce qui constitue somme toute des principes universels, la for-mulation de ces principes en termes de droits ne peut avoir d'effet « centralisateur » que si le centre en question se trouve non pas à Ottawa, mais au quartier général de l'onu, à New York.

Il n'est donc pas étonnant que les théoriciens neutralistes qui ont donné leur appui à l'adoption de documents constitutionnels tels que la Charte n'aient que peu de raisons à offrir quand vient le temps d'expliquer pourquoi nous devrions reconnaître les frontières entre les États — lorsque, bien sûr, ils ne décident pas d'aller jusqu'au bout de leur logique et de préconiser un cosmopolitisme à tous crins. Peu de temps avant que Trudeau devienne premier ministre, par exemple, il a publié avec d'autres un surprenant manifeste politique où les auteurs indiquaient clairement qu'ils n'avaient en principe rien contre l'idée de joindre le Canada aux États-Unis : « Vouloir l'intégrer [le Canada] à une autre entité géographique nous apparaît également comme une tâche futile à l'heure actuelle, même si un tel développement peut, en principe, sembler plus conforme à l'évolution du monde[24]. » Mais des déclarations comme celles du politologue québécois Louis Balthazar, souverainiste et tenant du nationalisme civique, ne sont pas moins étonnantes. Balthazar préconise l'avènement d'un Québec indépendant qui s'appuierait sur ce qu'il appelle paradoxalement un « nationalisme cosmopolite », idée aux forts accents trudeauesques. Et pourquoi, pourrions-nous demander, quiconque tiendrait-il à œuvrer à « l'avènement d'une citoyenneté québécoise originale qui ne serait pas perçue comme incompatible avec une allégeance au Canada[25] » ? Michel Seymour a posé à cet égard une question fort pertinente : « Pourquoi la nation civique québécoise serait-elle meilleure que la nation civique canadienne[26] ? »

Tout cela vient justifier ma thèse, suivant laquelle des normes réellement intégratives à l'échelle de tout le pays devraient être instituées au moyen de règles expressives et non de règlements abstraits ou adversatifs. Or, pour ce faire, il est nécessaire d'abandonner le langage axé sur les droits. Les inquiétudes concernant les risques de désintégration de notre pays ne pourront être apaisées qu'en répondant aux besoins de la *communauté* de citoyens qui est à la base de notre intégrité, et non en la fragilisant par l'affirmation des droits des individus ou des communautés qui la composent. J'admets que les droits ont leur place en politique, mais on ne devrait les invoquer qu'en s'appuyant sur un document à portée mondiale et non nationale, comme par exemple la Déclaration des droits de l'homme des Nations Unies, dont le Canada figure de façon fort appropriée au nombre des signataires. Les droits qui sont inscrits à cette déclaration devraient être invoqués seulement *après* qu'il se soit avéré impossible de concilier nos idéaux conflictuels, c'est-à-dire lorsque la négociation, plutôt que la conversation, est devenue la seule option possible. En intégrant le langage des droits directement dans notre constitution, document censé exprimer les principes de base de notre communauté politique pan-canadienne, nous ne faisons que l'affaiblir.

C'est également la raison pour laquelle je crois que nous devrions soutenir les appels à l'insertion d'une « clause Canada » à l'intérieur de la constitution. Après tout, « paix, ordre et bon gouvernement », c'est un peu terne. Au lieu de cela, nous aurions besoin d'une expression — qui touche si possible au sublime, et qui tient même de l'épiphanique — de ce que nous, Canadiens, défendons *vraiment*, d'un document qui guiderait et renforcerait les personnes prenant part à notre vie politique animées d'un réel engagement envers la poursuite du bien commun. Seule la poésie pourrait avoir cet effet, et certainement pas un programme de droits.

LA RECONNAISSANCE INDIVIDUELLE DES CITOYENS CANADIENS

Qu'est-ce que cela voudrait dire de reconnaître les citoyens canadiens en tant qu'individus sans avoir recours à une charte qui ne fait que les barder de droits ? On pourrait en discuter longtemps, mais je vais me concentrer sur ce que cela impliquerait pour les relations entre les Canadiens et leurs gouvernements, en particulier entre les citoyens et leurs bureaucraties d'État. Je me limiterai à une simple suggestion qui indiquera la direction globale dans laquelle les réformes dans ce domaine devraient selon moi aller, direction qui a beaucoup de points en commun avec ce que les chercheurs en administration publique appellent l'« engagement du citoyen ». Ainsi, nous devrions faire en sorte que les citoyens jouent en rôle soutenu (c'est-à-dire pas seulement en période d'élections) consistant à exercer une supervision éclairée sur le gouvernement et à le guider. La citoyenneté devrait vouloir dire beaucoup plus que simplement recevoir des services de l'État ; elle correspondrait aussi à « une identité exprimant l'appartenance à une communauté politique[27] ». Toutefois, comme l'ont fait remarquer Katherine Graham et Susan Phillips, ce processus a été en quelque sorte empêché par l'avènement, dans l'administration publique canadienne, de ce que l'on a appelé la mentalité de « service à la clientèle », suivant laquelle les bureaucraties gouvernementales ont été amenées à considérer les citoyens comme des clients qui s'attendent à recevoir des services correspondant à certaines normes d'efficacité et d'efficience. Le problème avec tout ça, c'est que même si les services se sont améliorés dans un certain nombre de cas, « l'essence de la vie politique se voit redéfinie en des termes limités comme la prestation efficace de services, au lieu de constituer un combat sur les valeurs et les compromis qu'il faudrait appliquer pour déterminer quels services devraient être fournis en tout premier lieu[28] ». Évidemment, l'emploi des termes « combat » et « compromis » trahit l'orientation pluraliste de Graham et de Phillips, qui ont néanmoins raison de s'inquiéter de la dépolitisation de l'administration publique, laquelle en est venue à épouser ce qui constitue dans les faits une forme économique de monarchie. En outre, certains des principes et des lignes directrices qu'elles proposent — par exemple, que les rapports entre les citoyens et l'État soient transparents et flexibles et tiennent compte des différences tant dans la capacité des citoyens d'accéder au gouvernement que dans le mode de participation privilégié[29] — me semblent éminemment compatibles avec une politique patriotique. À ceci près que le patriote irait encore plus loin en cherchant à abolir complètement l'idée selon laquelle la relation citoyen-État est de nature strictement «instrumentale», comme s'il était possible de tracer entre les deux un trait conceptuel continu. Le rôle des citoyens doit être conçu comme allant bien au-delà d'une simple *utilisation* de l'État dans le but d'arriver à leurs fins, lesquelles seraient entièrement indépendantes dudit État. En effet, comme nous l'avons expliqué, l'État doit aussi exprimer au moins en partie qui ils sont, leur identité. Réciproquement, l'État ne devrait sous aucun prétexte traiter ses citoyens comme des instruments manipulables. Et quel serait le moyen le plus efficace d'empêcher l'installation d'une telle relation instrumentale? La conversation, bien sûr.

Ce qui m'amène à dire que l'on devrait faire place à la conversation à *tous* les niveaux d'interaction entre le citoyen et l'État, et pas seulement dans le cadre de consultations publiques officielles sur des questions politiques données. Après tout, comme aucune règle n'est parfaite (en particulier, il va sans dire, celles qui prennent la forme de règlements bureaucratiques), des conflits et des complications surgiront inévitablement lorsqu'elles seront appliquées dans des cas spécifiques, et c'est pourquoi, dans ces circonstances, tout doit être fait pour favoriser les rapprochements. Si je devais nommer un seul facteur expliquant pourquoi—ne serait-ce que symboliquement—cette vérité échappe à tant de gens, ce serait la tradition étatique consistant à assigner à ses citoyens des numéros pour être en mesure de les identifier et de les retracer. Car les numéros enlèvent aux individus leur caractère unique et leur particularité, soit précisément le type de facteurs auxquels les bureaucrates devraient pouvoir être sensibles pour être en mesure de véritablement s'*engager* envers les personnes qu'ils servent. Ce n'est pas pour rien que nous avons des noms. Voici ce qu'en dit Charles Taylor:

Le lien étroit entre l'identité et l'interlocution apparaît aussi dans la place qu'occupent les *noms* dans la vie humaine. Mon nom est ce par quoi je me « fais appeler ». Un être humain *doit* avoir un nom, parce qu'il faut qu'on l'*appelle*, c'est-à-dire qu'on s'adresse à lui. Qu'on m'appelle dans une conversation est une condition préalable du développement de l'identité humaine, et mon nom m'est (ordinairement) donné par mes premiers inter-locuteurs. Les scénarios cauchemardesques de la science-fiction où, par exemple, les détenus des camps n'ont plus de nom mais un numéro tirent leur force de ce fait. Les numéros étiquettent les gens à des fins de classement, mais ce dont on se sert pour s'adresser à une personne, c'est de son nom. Les êtres qui ne sont que des référents et à qui on ne s'adresse pas par ailleurs, sont classés *ipso facto* comme des non-humains, sans identité. On ne s'étonnera pas que, dans plusieurs cultures, le nom soit conçu en quelque sorte pour saisir, voire constituer, l'essence ou le pouvoir de la personne[30].

Mais Taylor n'aurait nullement besoin ici d'évoquer la science fiction, car déjà, durant la Deuxième Guerre mondiale, les nazis avaient adopté une pratique consistant à tatouer un numéro sur la peau des prisonniers des camps de concentration. Il va sans dire que nos gouvernements n'ont aucunement l'intention d'en arriver à une telle déshumanisation, mais cela ne les a pas empê-chés d'adopter un système basé sur les numéros dans une grande variété de domaines : passeport, certificat de naissance, permis de conduire, carte d'assurance-maladie, et surtout, carte d'assurance sociale — tous ces documents ont un numéro. Cette pratique a pour effet de créer une distance inutile entre l'État et ses citoyens et, inévitablement, de décourager la conversation. Je dis « inutile » parce que, grâce en partie aux techniques d'entre-posage de données inventées par Ralph Kimball il y a environ une décennie, il n'est plus vraiment nécessaire d'attribuer des numéros aux dossiers pour accéder efficacement aux données informatisées. En fait, les changements qu'il faudrait apporter aujourd'hui pour que les gouvernements du Canada puissent utiliser le nom (combiné à la date et au lieu de naissance, ainsi qu'à une signature, peut-être) des personnes au lieu d'un numéro comme principal moyen d'accéder aux dossiers des citoyens seraient très faciles à réaliser, et à un coût inférieur à un million de dollars[31]. On pourrait également envisager l'addition de dossiers audio contenant des enregistrements conçus en vue d'aider les bureaucrates à prononcer les noms correctement, ce qui serait particulièrement utile dans le cas des noms aux consonances parfois exotiques des immigrants[32].

En appelant à une telle réforme, je désire attirer l'attention sur la nécessité, pour l'État, de faire preuve d'une plus grande sensibilité envers l'identité unique de chaque citoyen canadien. Selon moi, cela favorisera en même temps une meilleure prise de conscience du besoin d'assurer la protection des renseignements personnels, en raison du caractère de plus en plus perfectionné de la technologie liée aux bases de données. Cette réforme fera aussi ressortir l'importance de la protection des libertés individuelles, l'un de nos biens les plus chers et à la survie duquel, comme l'ont montré avec éloquence Franz Kafka et Michel Foucault, la technologie et la bureaucratie représentent une sournoise menace. Par conséquent, je suggère simplement ceci : débarrassons-nous des numéros, et que ça saute !

LA RECONNAISSANCE DES AUTOCHTONES

Je voudrais maintenant me pencher sur la « question autochtone », qui est sûrement la plus urgente aujourd'hui au Canada. On parle ici d'une relation qui, pour l'essentiel, a été façonnée par la partie dominante, soit le Canada non autochtone. Bien entendu, les choses n'ont pas commencé ainsi. Au début, les explorateurs et les colons en provenance d'Europe dépendaient — parfois désespérément — de l'aide des autochtones pour survivre au sein de cette nature « monstrueuse ». Comme je l'ai déjà mentionné, cette situation a amené les colons à accorder aux autochtones un certain respect, ainsi qu'à leur reconnaître un statut correspondant en quelque sorte à celui d'un État souverain. La négociation de traités est alors devenue un moyen de résoudre les différents conflits d'intérêts. Loin d'affirmer que les négociations ont toujours été menées en toute bonne foi, je dirais tout de même que cette approche, en partie inscrite dans la Proclamation royale de 1763, était néanmoins plus juste que celle, profondément condescendante, qui lui a succédé. Celle-ci s'est manifestée, dans un premier temps, par l'imposition d'une véritable tutelle sur les peuples autochtones par l'application des politiques «civilisatrices», c'est-à-dire assimilatrices, prévues par la Loi sur les Indiens de 1869 puis, dans un deuxième temps, un siècle plus tard—en 1969—, par le dépôt du Livre blanc du gouvernement Trudeau, qui proposait l'abolition de la Loi sous prétexte que l'assimilation avait été réalisée avec succès[34].

Après avoir suscité de nombreuses protestations, le Livre blanc a été retiré, et un ajout a été apporté à la Charte, l'article 25, qui accorde une forme de reconnaissance des «droits ou libertés - ancestraux, issus de traités ou autres - des peuples autochtones du Canada». Depuis lors, on se demande ce que cela peut bien vouloir dire exactement. L'une des réponses à cette question nous est venue de Tom Flanagan, qui endosse tout simplement l'idée de la supériorité des conceptions occidentales modernes en matière de politique et d'économie. Dans un esprit clairement monarchiste, Flanagan et ceux qui partagent son opinion affirment que l'assimilation des autochtones demeure un objectif valable, et que l'article 25 devrait être retiré de la Charte[35]. La position polyarchiste, quant à elle, est en grande partie exprimée dans le rapport de la Commission royale sur les peuples autochtone de 1996, qui recommande la normalisation des relations entre les autochtones et les non-autochtones par la signature de traités. Sans tenir suffisamment compte des autochtones qui résident dorénavant dans les grands centres urbains du Canada, la Commission en appelle à une constitution qui accorderait une importante autonomie gouvernementale aux nations autochtones sur une base terri-toriale[36], au point de constituer, selon moi, une forme de sou-veraineté-association. Pour les rédacteurs du rapport, c'était la seule façon de revenir à l'esprit de ce que l'on a appelé le «wam-pum à deux rangs». Mais selon Alan Cairns, cette façon de faire revient à tracer des «chemins parallèles qui ne se rejoignent jamais», et à établir une «coexistence avec très peu de corres-pondance entre les solitudes[37]».

Cairns est pour sa part favorable à une troisième voie. Souvent, toutefois, cette voie ne semble pas très patriotique, comme lorsqu'il écrit que son objectif ne consiste qu'à atteindre un «équilibre[38]» des forces, ce qui, comme chez Samuel LaSelva[39], mène à une position paradoxale combinant monar-chie et polyarchie. C'est ce paradoxe qui sous-tend l'analyse de Cairns sur la place des autochtones au Canada. Selon ce point de vue, les autochtones doivent devenir des «citoyens plus», le «citoyen» et le «plus» étant considérés comme deux «catégo-ries[40]» distinctes et indépendantes. Une telle approche addi-tive, toutefois, est incompatible avec l'idée suivant laquelle tous les biens sont dans une certaine mesure déjà intégrés dans un tout, et que pour accroître cette intégration, une certaine trans-formation mutuelle est nécessaire. Car Cairns semble adhérer à une conception neutraliste de la citoyenneté, laquelle serait à la base de ce qu'il appelle une «unicité[41]», concept qui, à son avis, est bien explicité dans la Charte[42] (selon une compréhen-sion de toute évidence théorique de celle-ci). Ainsi, au Canada, les différences doivent être «transcendées[43]» plutôt qu'inté-grées ou conciliées, comme le préconise plutôt le patriote. Par conséquent, au lieu de reconnaître que l'ensemble d'entre nous ne partagerons jamais une seule et même conception de ce que signifie être Canadien parce que nous entretenons tous, y com-pris les autochtones, un rapport différent et changeant avec l'État, Cairns suppose que l'élément « citoyen » du « citoyen plus » est uniforme et immuable. Apparemment, seul le « plus » doit faire l'objet des « débats politiques de l'avenir [44] », dans le sillage des recommandations du rapport Hawthorn-Tremblay, où cette expression est apparue pour la première fois.

À d'autres occasions, cependant, Cairns semble épouser une orientation patriotique. Il parle, par exemple, d'une « communauté pan-canadienne engagée dans la réalisation de tâches communes, une citoyenneté s'étendant d'un océan à l'autre qui nous unit les uns aux autres, dans l'une de nos dimensions, en un seul et même peuple politique[45] ». Mentionnons également sa critique des effets négatifs des négociations se déroulant dans un esprit d'affrontement, qui selon lui sont un facteur de division[46]. De plus, à la fin de son livre, il fait l'éloge de certains autochtones, comme le juriste John Barrow et la Fédération des nations autochtones de la Saskatchewan, parce qu'ils en appellent à une réconciliation réelle entre leurs communautés et les Canadiens non autochtones[47]. Il manque toutefois quelque chose à ce côté plus patriotique de Cairns : une conscience de ce que pourraient être, dans ce cas, les implications potentiellement radicales de cette philosophie politique.

Prenons par exemple l'approche, également adoptée par Cairns, qui prévaut actuellement dans le cadre du règlement des revendications territoriales[48]. L'historien Ramsay Cook endosse lui aussi cette approche : au sujet des revendications figurant dans la déclaration constitutionnelle de 1992 de l'Assemblée des Premières Nations, il a écrit que « la résolution des problèmes et même des contradictions contenus dans ces revendications d'envergure visant l'obtention d'un statut constitutionnel distinct exigera sans doute de nombreuses années de négociations, suivies de nombreuses décisions des tribunaux[49] ». Or, la négociation et le recours aux tribunaux, comme nous l'avons vu, ne sont pas des chemins adéquats vers le rapprochement. Mais cela ne veut pas dire qu'il faille omettre de reconnaître le rôle (tristement nécessaire) du pouvoir judiciaire dans la démarche contemporaine menant à la reconnaissance des droits des autochtones en matière de territoire et d'autonomie gouvernementale. Je pense, par exemple, à la décision déterminante rendue par la Cour suprême en 1973 dans *Calder c. Procureur général de la Colombie-Britannique*, qui a joué un rôle important dans l'élaboration de l'article 25 de la Charte, et à la décision de 1997 dans *Delgamuukw c. Colombie-Britannique*, qui a reconnu aux autochtones un titre « aborigène » ayant force de loi leur conférant des droits sur leur territoire traditionnel ; ainsi, les droits qu'ils détenaient sur les terres qui n'avaient jamais été cédées ni fait l'objet de traités raisonnables devaient dorénavant être distingués des droits de propriété issus de la Common Law et validés par des titres reconnus en vertu de la Land Titles Act (1894). Ainsi, grâce aux tribunaux, des droits qui avaient été mis au rancart ont été remis à l'ordre du jour.

Mais comme je l'ai expliqué, le fait de ne reconnaître que des « droits » nous incite à nous tourner sans cesse vers les tribunaux ou à recourir à la négociation, ou encore à combiner ces deux démarches, pour déterminer ce que ces droits signifient dans la pratique. Or, le Canada ne peut tout simplement pas se permettre cela à l'heure actuelle. Le fait est que les Canadiens, tant autochtones que non-autochtones, ont désespérément besoin de règles expressives et non prescrites pour les guider dans ce domaine. Dans le cas des autochtones, leurs épreuves ne prendront fin que lorsqu'ils en arriveront à des ententes réellement satisfaisantes sur les plans social et politique. Sur le plan social, il faudra une amélioration significative des conditions épouvantables — entre autres, un degré de pauvreté comparable à celui du Tiers Monde, un taux de chômage élevé, un problème de surconsommation de drogues et d'alcool, un taux de suicide alarmant et de graves problèmes de santé — dans lesquelles vivent aujourd'hui un grand nombre de communautés autochtones, situation héritée en grande partie du colonialisme. Politiquement, seule une reconnaissance pratique et non seulement juridique des nations autochtones pourrait instaurer une relation équitable entre celles-ci et le reste du Canada, et permettre aux autochtones contemporains d'honorer leur responsabilité face à leurs ancêtres. Ce que tout cela signifie en détail reste encore à déterminer, mais il faut admettre qu'il existe au moins une forme de reconnaissance qui donnerait sans doute de bons résultats : la souveraineté-association que propose la Commission royale. Toutefois, d'autres solutions pourraient aussi s'avérer appropriées ; certaines pourraient même réussir à maintenir un degré significatif d'intégration entre la gouvernance autochtone et celle des autres Canadiens. Évidemment, je préférerais que nous options pour une approche de ce genre, car cela voudrait dire que la conversation y jouerait un rôle de premier plan. Je développerai plus avant cette idée dans les lignes qui suivent.

Premièrement, toutefois, j'aimerais faire une précision sur l'attitude des Canadiens non autochtones face aux revendications territoriales des autochtones. Nous devons comprendre que tout règlement juste et équitable de ces questions, qui tiendrait suffisamment compte de l'héritage historique du colonialisme, va inévitablement exiger beaucoup de ces Canadiens. Or, s'ils ne possèdent pas une réelle compréhension des questions en jeu, on ne peut pas s'attendre à ce qu'ils acceptent sans protester les demandes autochtones. En fait, on peut déjà voir des signes de résistance. Comme le rapporte Steven Frank, « partout au Canada, des pointes d'irritation et d'hostilité surgissent, alors que les non-autochtones tentent péniblement de composer avec les ajustements sociaux les plus importants et les plus profonds que l'histoire du pays ait jamais connus : la tentative de rendre justice aux autochtones et d'en arriver à un règlement juridique définitif face à leurs revendications, restées jusqu'ici sans réponse[50] ». Frank cite Peter Russell : « La majorité de la population n'a aucune notion d'histoire, et les gens disent : "Qui diable sont ces individus, et depuis quand ont-ils tous ces droits[51] ? » Lorsque les tribunaux décident que ces droits existent bel et bien, les non-autochtones ont l'impression qu'on leur impose de force des règlements. D'où les protestations, la violence et le sabotage qui ont suivi la décision rendue en 1999 par la Cour suprême dans la cause R. c. *Marshall*, qui accordait aux autochtones de la côte Est le droit de pêcher sans permis[52]. Mais si Robert Nault, à l'époque ministre fédéral des Affaires indiennes et du Nord canadien, était bien conscient que la multiplication de longs et coûteux litiges constituait une source de tension majeure, il croyait néanmoins que la solution consistait, pour son gouvernement, à œuvrer le plus rapidement possible à la signature d'ententes par voie de négociation[53]. Or, s'il est vrai que, comparativement aux décisions judiciaires, les négociations réalisées par des agents officiels responsables devant les représentants élus tendent à donner des résultats plus légitimes aux yeux des non-autochtones, ceux-ci ont tout de même de la difficulté à éprouver quelque enthousiasme que ce soit face à ces ententes. Cela s'explique notamment par le fait qu'en raison de la nature même du processus de négociation, ces accords seront toujours perçus comme le fruit de compromis, de concessions accordées pour apaiser l'adversaire plutôt que comme l'expression du bien commun. C'est la raison pour laquelle de nombreux non-autochtones ont décidé de ne pas attendre les prochaines élections pour exprimer leur mécontentement, comme en témoignent les cinq poursuites déposées contre le traité Nisga'a, en Colombie-Britannique[54].

En outre, les non-autochtones finiront par découvrir que ces accords, sans qu'en soient responsables les leaders autochtones avec qui ils ont été ratifiés, ne réussiront même pas à régler complètement la « question autochtone ». Car si, comme l'affirme la critique élitiste du pluralisme, l'existence d'un déséquilibre de pouvoir important entre les négociateurs tend à mener à des ententes favorisant le plus fort, les disparités qui existent dans le cas qui nous occupe sont si énormes qu'il est pratiquement assuré que les accords obtenus seront injustes. Le simple fait que les négociateurs non autochtones qualifient les demandes autochtones — et non les leurs — de « revendications » en dit long sur la nature profondément asymétrique du processus ; cela révèle que l'on part de l'idée que seule la souveraineté des autochtones — et non celle des autres Canadiens — est en jeu. Mais la teneur des négociations est un aspect encore plus désolant de cette dynamique. En effet, en raison des terribles conditions sociales avec lesquelles sont aujourd'hui aux prises un grand nombre des communautés autochtones, certains leaders sont parfois tentés, par désespoir, d'accepter des « arrangements » qui, s'ils entraînent une amélioration à court terme de la situation de leur peuple, ne rendent aucunement justice aux enjeux historiques en cause[55]. Cela ne peut mener qu'à une chose : longtemps après le départ de ces leaders, d'autres seront obligés de reprendre le flambeau.

Ces importantes limites inhérentes aux tribunaux et à la négociation pourraient être surmontées grâce à une approche patriotique. En visant une réelle conciliation des différences, le patriote, comme nous l'avons mentionné, prône une forme de dialogue où le pouvoir des interlocuteurs en présence ne se mesure qu'au degré de vérité exprimé ; ces interlocuteurs souhaitent en arriver à des ententes qui, pour être considérées justes, doivent être clairement légitimes pour *tous* les citoyens. En ce qui a trait à la question autochtone, cette façon de procéder présenterait deux différences fondamentales d'avec les démarches judiciaires et la négociation[56]. Premièrement, toutes les parties devraient se montrer prêtes à rechercher des moyens de concilier leurs divergences, comme par exemple à propos de leurs conceptions divergentes de la propriété foncière. Présentement, toutefois, en dépit du jugement Delgamuukw, le gouvernement fédéral continue d'affirmer que la seule façon de régler le problème est de s'appuyer sur sa Politique des revendications territoriales globales. Entre autres choses, cela signifie que le gouvernement refuse de négocier, et encore moins de converser, en ce qui a trait à son exigence que toute entente repose sur l'extinction des titres ancestraux en faveur des titres issus de traités. De plus, les principes contenus dans la Politique en ce qui a trait à la propriété et aux rapports des individus avec la terre sont entièrement étrangers aux traditions autochtones, où la notion de propriété foncière individuelle ne veut rien dire. Une tentative réelle de rapprochement exigerait plutôt des deux parties qu'elles *transforment* leurs conceptions respectives, et cette transformation se refléterait dans des ententes qui ne seraient basées *ni* sur des titres autochtones, *ni* sur des traités, mais plutôt sur un hybride dénué de compromis combinant les idéaux qui sous-tendent ces deux approches. Cela pourrait vouloir dire laisser tomber toute notion de propriété exclusive du territoire, tant par la partie autochtone que par la partie non autochtone, en faveur, par exemple, d'une politique d'utilisation partagée de la terre qui prévoirait une gestion conjointe des ressources et un partage équitable des revenus.

Deuxièmement, l'approche patriotique exigerait de toutes les parties une connaissance beaucoup plus approfondie des questions en jeu ainsi que du processus de conversation employé pour les aborder. Cela est d'autant plus important qu'en raison de leur ignorance des faits historiques et contemporains pertinents, de nombreux non-autochtones ne peuvent trouver autrement qu'inacceptables l'ensemble des solutions proposées. La suggestion voulant que le Canada mette sur pied une structure comparable à la Commission vérité et réconciliation, créée en Afrique du Sud au lendemain de l'abolition de l'apartheid, mérite donc une sérieuse considération.

L'éventualité que des ententes prévoient une forme de propriété foncière non exclusive suggère l'existence d'un autre avantage potentiel lié à l'approche patriotique : la possibilité d'une intégration réelle entre les communautés concernées.

Si l'imposition sans compromis des titres issus des traités est le signe d'une non-reconnaissance des nations autochtones, le fait de s'en tenir à des jugements rendus par les tribunaux en faveur de l'application des titres autochtones revient à tomber dans l'extrême opposé. Car certains craignent, et cela est fort compréhensible, que l'affirmation d'une autonomie gouvernementale autochtone du type de celle que favorise la Commission royale porte atteinte à l'intégrité du Canada en menant à l'établissement, au sein du pays, d'un archipel de souverainetés isolées. Bien sûr, compte tenu de l'histoire du colonialisme, on doit s'attendre à ce type de revendication. Je dirais même que précisément en raison de ces antécédents coloniaux, les non-autochtones ont la responsabilité de contribuer à la réalisation d'une telle autonomie gouvernementale si les autochtones continuent d'y aspirer. Ceci dit, on est en droit de se demander si l'attrait qu'exerce cette solution pour les autochtones ne tient pas principalement à l'absence, jusqu'ici, d'une solution de rechange viable. Car même s'ils sont parfois difficiles à détecter, il existe des signes évidents de la volonté des autochtones de se rapprocher du Canada et de prendre part à la communauté civique dont nous faisons tous et toutes partie. On pense, par exemple, à des déclarations comme celle de Phil Fontaine, chef national de l'Assemblée des Premières Nations, où il suggère qu'une des façons de « changer la nature de [la] relation [entre les autochtones et] le Canada et d'en arriver à une forme réelle et efficace d'autonomie gouvernementale » consisterait à aborder les questions touchant les Premières Nations « en se plaçant au-delà des limites restrictives du ministère des Affaires indiennes... ». Il a ajouté : « ... nous devrions faire partie intégrante des activités de l'ensemble des ministères du gouvernement[57] ». Dans la même veine, son prédécesseur, Matthew Coon Come, a déclaré :

> Nous, peuples autochtones, qui avons toutes les raison du
> monde de nous sentir trompés et injustement traités, n'avons

jamais cultivé de désir collectif de vengeance. Nous n'avons jamais dit : les Européens doivent s'en retourner chez eux. Nous reconnaissons que nous vivons tous ensemble sur ce territoire qu'il nous faut partager, et qu'en bout de ligne nos intérêts sont en grande partie les mêmes. Nous voulons la paix, la santé et le bien-être pour nos enfants. Nous tenons à la propreté de l'eau et de l'air, au bonheur et à la liberté. Nous insistons sur l'importance d'une reconnaissance et d'un respect mutuels pour assurer le maintien de la dignité, des droits fondamentaux et du principe de l'égalité des peuples[58].

Selon moi, donc, les autochtones pourraient être convaincus de faire partie du pays au lieu d'aspirer à l'indépendance. Pour que cela se produise, toutefois, ils devront recevoir une réelle invitation en provenance de l'ensemble d'entre nous, les conviant non pas à la poursuite des négociations, même si elles devaient se dérouler en toute bonne foi, mais à entreprendre une conversation réelle.

Pour y arriver, il faudrait notamment reconnaître que la ségrégation des autochtones, outre le fait qu'elle constitue l'aboutissement visé des propositions polyarchistes d'autonomie gouvernementale, s'est déjà réalisée jusqu'à un certain point, pour une raison qui a peu de rapport avec la Constitution. Car les conditions difficiles dans lesquelles vivent aujourd'hui un grand nombre de communautés autochtones ne servent pas seulement d'obstacles à la négociation : elles éliminent pratiquement toute possibilité de conversation, entreprise encore plus exigeante. Le chanteur québécois Plume Latraverse nous a un jour rappelé une incontournable vérité : « Les pauvres, y'ont pas d'argent[59]. » Or, une bonne partie des signes évidents de la pauvreté tendent à échapper à ceux qui ne l'ont jamais vécue. D'où la pertinence de l'observation de Hannah Arendt, suivant laquelle même les génies auraient de la difficulté à réfléchir correctement s'ils avaient faim[60]. Si nous souhaitons contribuer à l'intégrité politique du pays par la conversation, le fait de savoir que de nombreux autochtones (de même que de nombreux non-autochtones) sont aujourd'hui tout simplement trop pauvres pour se joindre à la « danse » devrait nous faire prendre d'autant plus conscience de l'urgente nécessité de changer la situation.

Et il y aurait bien davantage à gagner d'une plus grande participation autochtone à la vie politique canadienne. Les autochtones ont apporté une énorme contribution historique au pays, et j'entends par là bien plus que leur participation aux alliances militaires qui ont réussi à stopper des envahisseurs venus du sud, ou à l'effort de guerre canadien outremer. D'aucuns affirment, par exemple, que c'est la Confédération iroquoise, avec son système de clans conçu pour prévenir le fractionnisme, qui a servi de modèle à Benjamin Franklin pour harmoniser les relations entre colonies américaines. Ce modèle a ensuite été à la base des Articles de Confédération américaine, qui à leur tour ont constitué une forte inspiration pour notre propre système gouvernemental, dont les principes ont été proclamés en 1867. Ce qui voudrait dire que le fédéralisme lui-même serait un « grand cadeau des Iroquois[61] ».

Il n'y a aucune raison pour qu'une telle intégration culturelle prenne fin ou que l'on soit privé des avantages qui en découlent. J'aimerais ici faire état de deux possibilités. Premièrement, l'idée de mettre en place une forme différente de justice criminelle — la justice réparatrice — au sein des communautés autochtones autonomes fait son chemin et obtient de plus en plus d'appuis. Ce type de système redonnerait une place à la tradition autochtone du cercle de détermination de la peine, solution de rechange aux procédures judiciaires régies par le système adversatif anglo-américain. Mais je suggère que nous allions plus loin. Nous aurions peut-être avantage à instaurer une structure similaire dans le reste du Canada, car comme d'autres pays occidentaux, nous éprouvons clairement des difficultés à dépasser les conceptions pluralistes en matière de pénologie ; pendant ce temps, notre système carcéral sombre dans un état de crise[62]. Dans ce contexte, la démarche réalisée par les collectivités autochtones dans la mise en œuvre de ce type de justice nouvelle pourrait nous servir d'exemple et nous aider à sortir de l'impasse[63].

Le deuxième avantage a trait à la nature. Dans son livre *A Border Within* (1997), Ian Angus tente de saisir l'identité nationale canadienne-anglaise en explorant, entre autres, son rapport à la nature sauvage. Pour ce faire, il s'inspire clairement d'importantes sources occidentales comme l'idéologie verte, le marxisme et la phénoménologie heideggerienne. Mais ses conclusions sont limitées parce qu'il ne tient pas compte des conceptions autochtones de la relation entre l'homme et la nature. Sa crainte qu'aborder ce sujet revienne à « s'approprier les cosmologies autochtones à ses propres fins[64] » repose sur la supposition polyarchiste suivant laquelle une nation comme le Canada anglais se conçoit de façon isolée des autres. Cependant, de nombreux Canadiens anglais ont des ancêtres dont les rapports avec la nature ont jadis été profondément influencés par les autochtones. Il ne s'agissait pas d'une « appropriation », mais d'un « apprentissage », rendu possible par le type d'ouverture qui mène à une conversation réussie. Nous en voyons les effets dans la reconnaissance croissante des avantages des médecines douces ainsi que dans la prise de conscience de nos lacunes au chapitre de la préservation de l'environnement. Il y a lieu de se demander si ce même type d'ouverture ne pourrait pas être encore bénéfique aux Canadiens anglais, voire même à tous les Canadiens.

LA RECONNAISSANCE DES QUÉBÉCOIS

« Si on les traite comme une nation, ils agiront comme le font généralement les peuples libres, c'est-à-dire avec générosité[65]. » Lorsque John A. Macdonald a prononcé ces paroles, il faisait référence aux Canadiens français, même s'il est clair que durant son séjour à la tête du gouvernement, il a raté plus d'une occasion de suivre ses propres conseils. Nous devons faire mieux. Mais aujourd'hui, comme je l'ai dit, la nation canadienne-française n'existe plus, ayant donné naissance à plusieurs communautés régionales-ethniques éparpillées à l'extérieur du Québec ainsi qu'à la nation québécoise à l'intérieur de cette province. Comment, par conséquent, rendre justice à cette dernière ?

Considérons l'analogie suivante. Un groupe d'amis vivent ensemble. Un jour, l'un d'entre eux subit un changement, une transformation personnelle si profonde que, entre autres choses, il perd la foi (il avait été jusque-là particulièrement dévot) et décide de se lancer dans une toute nouvelle carrière. Il prétend également s'être fait exploiter par ses colocataires, pour qui il a travaillé par le passé (ils possèdent leur propre entreprise), et affirme qu'il n'acceptera plus jamais ce genre de traitement. Il annonce alors, ce qui ne surprend personne, qu'il ne veut plus partager l'appartement, car il ne considère plus ses colocataires comme des amis. Toutefois, il n'a pas l'intention de déménager, préférant faire des rénovations de façon à pouvoir accéder à sa chambre par une entrée séparée. Il fait remarquer à ses colocataires qu'ils ne devraient pas s'objecter à son projet, parce que son départ les obligerait tous à payer une part de loyer plus élevée.

Que dirait le patriote dans une telle situation ? En d'autres mots, face à l'insatisfaction croissante qu'éprouvent un bon nombre de Québécois à l'égard du Canada depuis la Révolution tranquille, que devrions-nous faire ? La réponse dépend de la nature précise des objectifs de chacun. À ces monarchistes qui préféreraient maintenir le Québec emprisonné dans un pays soi-disant unifié, ou à ces nationalistes québécois pour qui la séparation pure et simple (c'est-à-dire rénover non seulement pour créer une entrée séparée, mais pour sceller complètement la chambre afin de la couper du reste de la maison) est la seule option valable, nous n'avons pas grand-chose à dire. Mais à ceux qui se situent quelque part entre ces deux extrêmes et qui défendent des positions allant du fédéralisme renouvelé à une forme ou une autre de souveraineté-association, une compréhension des principes du patriotisme aurait beaucoup à offrir.

Commençons par ceux qui aspirent à un fédéralisme renouvelé, en nous penchant sur l'accord du lac Meech. Tout a commencé avec la présentation, par Robert Bourassa, alors premier ministre du Québec, des fameuses cinq conditions minimales[66]. Peu importe qu'elles aient été trop ou pas assez modestes, ce qui nous intéresse ici, c'est ce qu'elles étaient : des exigences. Loin de constituer une contribution à une conversation visant la transformation du pays en quelque chose à quoi tous les Canadiens, et non seulement les Québécois, pourraient adhérer avec enthousiasme, elles représentaient plutôt les positions de départ—et aussi, en grande partie, les positions finales— d'une ronde de négociations. Cependant, en présentant ces conditions, Bourassa ne faisait que poursuivre une pratique établie de longue date par George-Étienne Cartier et systématiquement reprise depuis, notamment par Henri Bourassa, consistant à protéger par tous les moyens la nation du Québec et à lui permettre de s'affirmer, sans pour autant retirer la province du giron canadien. Or, comme cette façon de procéder s'inspire d'une approche pluraliste du pays et de ses pratiques politiques[67], on ne s'étonnera pas que le patriote éprouve ici de sérieuses réticences. Car ceux qui défendent les intérêts québécois en adoptant l'attitude antagoniste qu'exige la négociation supposent dès le départ que la nation se trouve *déjà* à l'extérieur du pays et n'a aucune intention de se joindre à un Canada civique englobant tous les citoyens. En fait, l'ensemble des intervenants, Québécois ou non, qui ont participé aux débats entourant les cinq conditions de Bourassa en se prononçant sur le caractère « suffisant » ou « insuffisant » des propositions de Meech (ou de Charlottetown, ou de l'accord de Calgary) n'ont fait que réaffirmer cette prémisse. Car un vocabulaire où dominent des mots tels que « suffisant » ou « insuffisant » est caractéristique du langage des concessions et des accommodements propre à la négociation et aux relations à somme nulle, langage qui est celui des adversaires plutôt que des amis, des étrangers plutôt que des compatriotes. Il est donc incompatible avec le principe voulant que tous les Canadiens partagent un bien commun et soient membres d'une même communauté civique ou politique.

La plus significative des cinq conditions est assurément celle qui en appelait à la « reconnaissance du Québec comme société distincte au sein du Canada ». Remarquez qu'en mettant l'accent sur la province plutôt que sur la nation qui se trouve à l'intérieur, cette condition ne contribue aucunement à établir un lien direct entre ladite nation et l'État canadien. Au lieu de cela, on propose un lien qui doit s'établir *par l'entremise* de l'État du Québec. Même s'il n'y a rien ici de nécessairement condamnable, cela signifie qu'une fois cette clause incorporée dans la constitution, il n'y aurait aucune raison de s'attendre à ce que les nationalistes québécois cessent de réclamer une plus grande décentralisation des pouvoirs d'Ottawa vers la ville de Québec. Car l'une des principales raisons d'être de cette condition est le sentiment que l'État canadien, contrairement à l'État provincial siégeant dans la ville de Québec, ne reconnaît pas la nation québécoise. Selon moi, cette reconnaissance devrait être accordée ; mais que l'on soit d'accord ou non avec ce point de vue, ce qui importe ici est de comprendre qu'il s'agit du type de questions à propos desquelles nous devrions converser et non simplement négocier.

Ce qui nous amène à un autre élément qui a tendance à être passé sous silence en ce qui a trait à cette condition, la plus importante des cinq exigences présentées dans le cadre de Meech : sa nature contradictoire. En effet, la reconnaissance n'a tout simplement pas sa place dans un contexte de négociations. Comme l'indique clairement la racine de ce mot (reconnaissance), la reconnaissance suppose une forme de connaissance, qui est loin d'être le genre de chose qui puisse être offerte ou reprise dans le cadre d'une séance de négociations. Ce que nous savons être vrai ou reconnaissons comme une vérité ne peut pas se voir nié parce que nous sommes insatisfaits de ce qui nous est offert en retour de notre affirmation de cette vérité. La phrase «Wayne Gretzky était un grand joueur de hockey», par exemple, demeure vraie, que nous obtenions ou non ce que nous exigeons pour l'affirmer. Car la vérité, indéniablement, n'est pas négociable[68].

Ce ne sont pas seulement ceux qui exigent la reconnaissance constitutionnelle de la nation québécoise qui ne comprennent pas ce principe. En effet, il en va de même de ceux qui sont en position d'accorder cette reconnaissance. Cinq jours avant le vote, lors du dernier référendum québécois, lorsque les sondages annonçaient une victoire souverainiste imminente, Jean Chrétien, premier ministre de l'époque, est apparu à la télévision nationale pour annoncer que son gouvernement acceptait le caractère distinct du Québec[69]. Mais une concession de cette envergure, faite dans de telles circonstances, demeure une concession, alors qu'une reconnaissance, pour être véritable, exige quelque chose de différent. L'offre de Chrétien, dans ce contexte, n'avait pas une grande valeur ; en effet, comment pouvait-on considérer cette reconnaissance comme sincère quand elle n'avait été accordée que du bout des lèvres, parce que le gouvernement se voyait acculé au pied du mur ? Cette même question mériterait d'être posée à tous ceux qui, d'un côté, présentent le fédéralisme renouvelé comme leur objectif avoué, tout en appuyant, de l'autre, le « plan B » du gouvernement fédéral (où il explique ses conditions en mettant l'accent sur les coûts d'une éventuelle séparation), dont ils se servent pour décourager les souverainistes. Idem pour ceux qui trouvent approprié que le Canada s'interroge sur ce que serait sa position advenant un vote en faveur de la souveraineté du Québec[70], sans oublier, bien sûr, ceux qui envisagent la partition de la province[71]. Toutes ces façons de faire—qui procèdent d'une dynamique d'affrontement et ne sont ni plus ni moins que des tactiques—trahissent une ignorance fondamentale de ce qui fait d'un pays un tout, c'est-à-dire le bien commun civique partagé par l'ensemble de ses citoyens. En lieu et place des tactiques, nous avons besoin d'ouverture, de compassion et même d'une forme d'appui moral — ce sont toutes ces choses, et bien d'autres, qui sont nécessaires pour qu'une communauté politique puisse survivre et s'épanouir véritablement.

Les relations à caractère non politique peuvent être éclairantes à cet égard. Prenons par exemple un mariage. Supposons qu'un des partenaires émette de sérieuses réserves à propos de la relation et prétende que celle-ci est en difficulté. Il va sans dire qu'à ce stade, il serait plutôt prématuré, pour l'autre partenaire, de se mettre à parler de la façon dont les biens de propriété commune devraient être divisés en cas de divorce. Le simple fait d'aborder ce sujet entraînerait sûrement la fin immédiate de la relation. Ce qu'il faut, dans ces circonstances, c'est être prêt à écouter, et à chercher, avec l'autre, des moyens de répondre adéquatement aux préoccupations soulevées.

Trop de fédéralistes semblent ignorer cette simple vérité. Reginald Whitaker, par exemple, craint que «le fait de parler de la douleur et de l'angoisse du divorce, ou de supplier, avec force éclats émotionnels, l'autre partie de ne pas s'en aller» ne soit perçu comme «un signe de faiblesse qui pourrait être exploitée par l'autre partie à son avantage»[72]. Mais cette crainte d'être jugé fort ou faible ne préoccupe que le négociateur, et non l'interlocuteur qui prend part à une conversation. Ainsi donc, il semblerait que Whitaker ainsi que tous ceux qui partagent ses vues aient *déjà* abandonné l'idée de faire partie d'une même communauté citoyenne que les Québécois, et donc de cultiver une communauté ou la «force», comme je l'ai dit précédemment, ne se mesure qu'en fonction de la vérité des positions avancées. Car si l'une des communautés du pays songe sérieusement à partir, ni l'application coercitive d'une théorie soi-disant neutre de la justice, ni une offre de négociation en toute bonne foi ne pourront faire changer ses membres d'avis. En fait, ce qui aurait probablement beaucoup plus de chances de réussir, ce serait une démarche qui s'apparenterait davantage à de la *séduction*[73].

Et qu'aurait à dire le patriote à ceux qui préconisent une forme ou une autre de souveraineté-association? L'idée, formulée à l'origine par l'historien Maurice Séguin, qui parlait alors d'« États associés[74] », appelle à un degré de souveraineté politique beaucoup plus grand pour le Québec, assorti d'une association économique avec le Canada. Cette dernière ferait l'objet de négociations une fois la souveraineté approuvée par un référendum (ou deux) provincial. Toutefois, tous ces marchandages et ces propositions d'accords économiques ne font qu'obscurcir l'existence de la communauté civique canadienne, laquelle, même si de nombreux nationalistes québécois refusent de l'admettre, a une grande importance non seulement pour les citoyens du reste du Canada, mais aussi pour de nombreux Québécois. En fait, les affirmations des nationalistes eux-mêmes sur les nombreuses « humiliations » qu'ils auraient subies aux mains du reste du Canada, accusations qui se sont faites particulièrement virulentes en réaction à l'échec de Meech[75], viennent démentir cette prétendue indifférence à l'égard de la communauté canadienne. Après tout, si l'accord ne visait qu'à faire adopter cinq conditions minimales dans le cadre d'une simple séance de négociations constitutionnelles, son échec aurait-t-il suscité un tel sentiment d'humiliation? Lors d'une négociation, il est normal que les protagonistes puissent se sentir *déçus* lorsqu'un accord échoue, mais sans plus. Nous n'éprouvons de l'humiliation que lorsque nous avons l'impression d'avoir subi une forme de non-reconnaissance de la part de quelqu'un d'autre, quelqu'un dont l'opinion nous importe et avec qui, par exemple, nous croyions partager un bien en commun. Quand nous parlons d'humiliation, nous sous-entendons que c'est une conversation et non une négociation qui a échoué. Ainsi, qu'ils en soient conscients ou non, les Québécois nationalistes qui ont participé aux discussions entourant Meech ont dans les faits invoqué la communauté pan-canadienne, communauté dont un grand nombre des membres de leur nation font également partie.

La propension à éprouver un sentiment d'humiliation qui caractérise certains Québécois indique également qu'un autre phénomène est à l'œuvre. Ce que l'on appelle la «politique du ressentiment» ne peut s'exercer que lorsqu'une des parties concernées se sent victimisée, ce qui est encore le cas, admettons-le, d'une importante minorité de Québécois aujourd'hui. Je dis «encore» parce que, à mon avis, si ce sentiment était justifié face à l'oppression que subissaient les Canadiens français avant la Révolution tranquille, il ne l'est plus aujourd'hui. Après tout, la réalité contemporaine n'a-t-elle pas considérablement changé? Les anglophones de la province, que l'on est loin de pouvoir encore comparer à l'Ordre orangiste d'Irlande du Nord, soit apprennent le français, soit quittent le Québec, car ils ont depuis longtemps remis les rênes du pouvoir politique et économique aux mains des francophones, qui en ont fait fort bon usage. Aujourd'hui, la nation québécoise constitue, à tous points de vue, une communauté forte et vibrante, dont le patrimoine riche et stimulant a engendré des réalisations culturelles remarquables assurant à cette nation un rayonnement enviable sur la scène internationale. Cependant, il existe toujours des Québécois qui choisissent de perpétuer le mythe selon lequel ils seraient des «perdants», en ramenant continuellement sur le tapis soit leur statut de peuple conquis (même si la «Conquête de 1759» relevait en réalité davantage d'un échange de pouvoir entre puissances coloniales), soit les deux référendums «perdus» sur l'indépendance (alors qu'il faudrait plutôt y voir un exercice réussi de la démocratie). Si on ajoute à tout ça un sentiment d'insécurité largement injustifié chez certains Québécois en ce qui a trait à la qualité de la langue et de la culture de leur nation[76], on obtient exactement le ferment dont se nourrit la politique du ressentiment.

Quelles qu'en soient les origines, ce ressentiment a d'importantes implications politiques, et c'est pourquoi il importe de se demander ce que les Québécois — qu'ils se voient encore comme des victimes ou non — pourraient faire pour le dépasser. Il y a essentiellement deux avenues possibles, l'une négative et l'autre positive. Voilà du moins la leçon que l'on peut tirer de l'histoire de ces victimes archétypales que sont les anciens Israélites. D'une part, il y a cette solution, illustrée par les affrontements entre Israélites et Madianites (Nombres, 25, 16-18) et l'épisode où Saül et Samuel châtient les Amalécites (1 Samuel, 15), qui consiste à se venger de son oppresseur. Il va sans dire que je parle ici de l'approche négative. Or, en dépit de toutes ces prétentions de vouloir en arriver à un « accommodement raisonnable » avec le reste du Canada, il me semble déceler une trace de cette approche derrière les revendications de Meech, ou du moins derrière cette opinion souvent exprimée au lendemain de l'échec des négociations, suivant laquelle Meech « ne suffirait dorénavant plus ». Il est certain que la nation qui adopte une stratégie de groupe de pression dans le cadre d'une négociation constitutionnelle est souvent tentée de faire appel au ressentiment pour la simple raison que, comme de nombreux groupes de pression ont pu le constater, cette tactique semble donner de bons résultats[77]. On est cependant en droit de se demander si ces exigences — compte tenu de la dynamique de négociation à somme nulle qui prévaut — ne seraient pas guidées par un désir de se venger des défaites passées (la principale étant, bien sûr, la Conquête) plus que par une volonté d'en arriver à une solution qui corresponde vraiment aux besoins de la situation. Pensons, par exemple, à la déclaration que le respecté professeur Léon Dion, d'obédience fédéraliste, a faite devant la commission Bélanger-Campeau, suivant laquelle le reste du Canada « n'acceptera de faire des concessions — encore que cela ne soit pas certain — que s'il a le couteau sur la gorge[78] ». Bien que l'intention soit, en bout de ligne, d'en arriver à un accommodement plus équitable — une nouvelle série de compromis portant sur les biens ou valeurs en jeu —, on ne peut s'empêcher de se demander si la suggestion de Dion ne s'est pas mérité un appui, du moins de la part de certains, parce qu'elle faisait écho à une volonté d'enlever quelque chose au Canada plus que de donner quelque chose au Québec.

L'approche positive est fondamentalement différente. Elle consiste à transformer une expérience marquée par la souffrance en quelque chose de constructif, ce qui exige une capacité de faire preuve de générosité envers l'autre. Comme Dieu l'a rappelé aux Israélites, « Car vous avez été étrangers dans le pays d'Égypte » (Exode, 22, 21). Cela ne veut pas dire qu'il faille exclure ce que l'on croit être un projet constructif, soit, dans le cas qui nous occupe, la création d'un nouveau pays distinct, d'un Québec pleinement indépendant. Car il se peut qu'au bout du compte, les Québécois ne veuillent pas « danser la politique » avec les Anglo-Canadiens, les autochtones ou même les Canadiens français, et encore moins avec les autres communautés et citoyens qui forment le Canada contemporain. Cette volonté pourrait fort bien être engendrée non par le ressentiment, mais par un affaiblissement du désir de continuer à partager une communauté civique, en supposant, il va sans dire, que ce désir ait réellement existé au départ. C'est une chose de s'entendre pour dire qu'il vaut mieux, pour un individu, d'avoir des « compagnons de vie » que de ne pas en avoir, mais c'en est une autre de prétendre que cette personne-*ci* ou cette personne-là *doive* être l'un de ces partenaires. Peut-être l'attirance de base nécessaire pour maintenir un bien public commun avec le reste du Canada est-elle tout simplement inexistante. Après tout, on n'a pas nécessairement envie de converser avec tout le monde.

De même, la plupart des Canadiens anglais ont beau être capables d'apprécier tout ce qu'il y a d'admirable chez les Américains, mais l'idée que le Canada puisse se joindre un jour aux États-Unis n'en reste pas moins pour eux une aberration, quels que soient les avantages économiques que cela leur apporterait[79]. «You're no good for me / I'm no good for you» (Tu ne m'apportes rien de bon, et je ne t'apporte rien non plus), chantent les Guess Who dans « American Woman[80] ». Pour les Canadiens anglais, il n'y a tout simplement aucun intérêt à partager une communauté civique avec les Américains, à créer des lois communes et à vivre ensemble sous ces mêmes lois. L'une des principales raisons de cet état de fait est que le Canada anglais fait partie d'une communauté, la communauté canadienne siégeant à Ottawa, dont la culture politique en est venue, en grande partie, à se caractériser par un type distinctif de libéralisme qui est à mille lieues du conservatisme (pimenté d'un soupçon de libertarianisme) qui règne aujourd'hui à Washington. De plus, c'est sûrement parce qu'ils sont conscients que cette culture politique a été profondément marquée par les luttes démocratiques menées par les rebelles Louis Joseph Papineau et William Lyon Mackenzie, ainsi que leurs descendants politiques Louis-Hyppolite Lafontaine et Robert Baldwin, que nombre de Canadiens anglais en sont venus à apprécier les avantages de travailler aux côtés des francophones. D'où leur profonde volonté de continuer à partager le pays avec des Québécois. Tout cela ne change rien au fait que les Canadiens anglais ignorent pratiquement tout de la culture québécoise (l'inverse est également vrai), sans parler de la culture des autres Canadiens français, des autochtones et d'un grand nombre des autres communautés du pays. Cette ignorance a beau être regrettable, mais elle n'exclut pas nécessairement les liens qui existent entre les membres de toutes ces communautés en raison de leur culture politique commune. C'est ce qu'apprécient la plupart des Canadiens anglais, et dont ils souhaitent la poursuite.

Mais ce sentiment n'est peut-être pas mutuel, et c'est pourquoi il importe de réitérer qu'il n'y a rien d'illégitime à ce que les nationalistes québécois optent pour la séparation. Il nous faut accepter qu'une séparation complète du reste du pays puisse constituer un projet constructif qui n'a rien à voir avec le ressentiment. Même les Canadiens anglais devraient reconnaître qu'une telle démarche, bien qu'elle entraînerait l'amputation d'une partie importante de la communauté politique qu'est le Canada civique, ne constituerait pas pour autant une menace directe à l'existence de la nation canadienne-anglaise. Mais il faudrait avant tout s'entendre clairement sur ce que, précisément, ce choix voudrait dire pour les Québécois. Car à l'instar des autres parties concernées, les Québécois devraient faire tout en leur pouvoir pour en arriver, dans la mesure du possible, à une rupture harmonieuse qui permettrait de maintenir des relations respectueuses entre les futurs ex-patriotes. Cela importe au plus haut point, car quelle que soit l'ampleur des « rénovations » apportées à la demeure canadienne, les parties en cause auront encore à vivre côte à côte. En outre, le maintien de bonnes relations, comme le savent sans doute toutes les personnes qui ont déjà mis fin à une amitié ou à une relation amoureuse, exige une grande sensibilité, particulièrement de la part du partenaire qui s'en va. Ce que nous dit cette analogie avec les relations personnelles, c'est que les déclarations du Parti québécois suivant lesquelles les citoyens d'un Québec indépendant continueraient, par exemple, à utiliser la monnaie et le passeport canadiens[81], sont plutôt insensibles, même si elles sont logiques sur le plan instrumental.

De plus, le reste du Canada ne serait en aucun cas tenu d'accepter une « entente » négociée de souveraineté-association, qu'il soit ou non dans son intérêt économique de le faire, pour la simple raison que les Canadiens laissés derrière risquent de se sentir profondément offusqués à l'idée d'être utilisés de la sorte par leurs anciens compatriotes. C'est là, après tout, en quoi consiste pour l'essentiel une relation à caractère économique. Si un référendum sur l'avenir du Québec devait mener un jour à la séparation de la province, alors les Canadiens, au risque de paraître mélodramatiques, se sentiraient profondément blessés. Pensons à tous les propos que nous avons déjà entendus sur «la douleur et l'angoisse du divorce», pour citer de nouveau Whitaker. Répondre à cette détresse par une offre de pacte confédéral conçu strictement pour satisfaire des intérêts économiques—qui constituerait dans les faits une proposition d'arrangement visant à continuer à vivre dans cette même demeure-qui-n'est-plus-un-foyer simplement pour économiser sur le prix du loyer—s'avère une démarche aussi téméraire qu'insensible. Lorsque les gens divorcent, ils se séparent, geste qui, en dépit des inconvénients qu'il entraîne inévitablement, est entièrement nécessaire. Ainsi donc, voici, clairement, ce qui serait requis de ces Québécois qui établiraient un nouveau pays indépendant : ils devraient être manifestement prêts à cheminer seuls, en plus d'être habités d'un espoir sincère que cette démarche heurte le moins de gens possible et cause le moins de torts possible aux personnes concernées.

J'affirme donc que les nationalistes Québécois qui prônent la souveraineté-association devraient plutôt adopter un projet de séparation complète. Mais il existe une autre solution positive, qui est celle de travailler au renouvellement du fédéralisme canadien. Pour ce faire, il faudrait que les Québécois, au lieu d'inviter les autres Canadiens à négocier en toute bonne foi, abordent ceux-ci comme des amis et non comme des partenaires commerciaux, en exprimant clairement leur intention de vivre avec eux dans un même foyer politique. Il leur faudrait donc proposer, dès le départ, une réelle conversation visant à apporter au pays des transformations avec lesquelles *tous* les Canadiens seraient en accord. Or, cette démarche exige, entre autres choses, que les citoyens du Québec soient prêts à aborder ces questions *avec* les autres Canadiens et non, comme ce fut le cas jusqu'à présent, à dépenser leurs énergies tout seuls de leur côté, coupés du reste du pays, à élaborer des déclarations de principe sur les exigences qu'ils comptent soumettre à la négociation[82]. Quant aux fédéralistes de l'extérieur de la province, ils doivent eux aussi saisir l'importance de cette démarche. Alors, au lieu d'acquiescer à tous ceux dont le credo est le sempiternel « *nous* devons maintenant *leur* répondre[83] », il leur faut, eux aussi, manifester clairement leur volonté de converser, de s'attaquer aux problèmes en s'assurant que *tous* les protagonistes sont perçus non pas en termes de « nous et eux », mais comme les parties constitutives d'un seul et même « nous ». Cela ne veut pas dire que les parties devraient dorénavant bannir toute démarche d'introspection, mais simplement que ces démarches devraient porter en bout de ligne sur les façons de mieux régler les problèmes *ensemble*. Car c'est ce qu'exige la conversation.

Comment cette conversation doit-elle se dérouler ? J'ai expliqué auparavant que la façon de répondre aux conflits par la conversation consistait à viser la transformation des positions en présence, l'objectif central étant le rapprochement et la conciliation plutôt que les accommodements. Les biens en jeu doivent être reformulés de façon à mieux correspondre à la réalité collective qu'au début du conflit. Au risque de simplifier à outrance, supposons, pour les besoins de la démonstration, que le conflit que nous examinons présentement mette en jeu seulement deux biens particuliers. De nombreux fédéralistes hors Québec, influencés par la vision de Trudeau, croient que l'*égalité* signifie que toutes les provinces devraient avoir un même statut, à partir du principe selon lequel tous les canadiens sont considérés comme égaux. Cette conception assimilant égalité et uniformité[84] se voit menacée, à leurs yeux, par ceux qui voudraient conférer au Québec une forme ou une autre de « statut particulier » au sein de la constitution ; ils craignent que toute volonté de traiter la province différemment des autres revienne à lui garantir un traitement particulier, au sens de meilleur. Et cela, selon eux, ne peut que compromettre le principe d'égalité.

Qui demande un tel statut particulier ? Certainement pas ces nationalistes québécois qui voudraient que leur nation se sépare et se dote d'un État pleinement souverain. C'est plutôt ceux qui seraient prêts à négocier leur place au sein du Canada et à faire au moins quelques compromis en ce qui a trait à la poursuite de ce bien qu'est la *libération nationale*. À cet égard, l'accord du lac Meech ne représentait pour leur nation rien d'autre qu'une demi-mesure.

Il semble donc que deux biens soient en conflit ici, soit l'égalité et la liberté de la nation. Dans ce contexte, certaines personnes préconisent des solutions extrêmes et d'autres des approches plus pondérées. D'une façon ou d'une autre, une certaine dose de compromis semble inévitable, soit sur l'un des biens, soit sur les deux.

Et si l'on choisissait plutôt de se mettre à l'écoute les uns des autres afin de trouver des façons de transformer ces précieux biens au lieu de se borner à faire des compromis ? Les personnes qui favorisent l'égalité, par exemple, pourraient en venir à la concevoir différemment, comme un idéal qui ne se réduirait pas à l'uniformité. Ainsi, le traitement égal des individus pourrait être compris comme nécessitant une prise en compte de la différence. Je m'explique. Supposons qu'une terrible tempête de neige s'abatte sur deux villes, mais que l'une d'entre elles soit frappée beaucoup plus durement que l'autre. Il va sans dire qu'un traitement égal exigerait que chacune des villes reçoive une assistance qui corresponde à l'ampleur des dommages et des souffrances qu'elle aura subis. De la même façon, on pourrait interpréter le principe d'égalité entre individus comme exigeant une sensibilité au fait qu'ils appartiennent à des communautés différentes et nécessitent en conséquence un traitement différencié. Si certains de ces individus sont nationalistes, par exemple, un fédéraliste canadien souhaitant traiter tous les citoyens de façon égale ne pourrait être fidèle à ses idéaux qu'en tenant compte de l'existence de cette nation. Cela voudrait dire rejeter la forme symétrique de fédéralisme que l'on trouve aux États-Unis en faveur d'un fédéralisme asymétrique ouvert à la multiplicité des nations. Le fédéralisme asymétrique serait considéré comme supérieur au fédéralisme symétrique non seulement en raison de sa compatibilité avec une société caractérisée par la diversité (un bien intrinsèque à part entière), mais aussi parce qu'il accroît l'égalité entre citoyens — en autant, bien entendu, que l'égalité ne soit plus réduite ou assimilée à l'uniformité.

Les progrès accomplis dans cette direction contribueraient également à clarifier certains autres malentendus engendrés par l'approche assimilant égalité et uniformité. Par exemple, pourquoi a-t-on fait dès le départ un lien direct entre le principe selon lequel les *individus* devraient être traités de façon égale et celui voulant que les *provinces* requièrent un traitement uniforme ? Et quelles sont les implications de cette position en ce qui a trait aux territoires, qui ne jouissent pas des mêmes droits que les provinces ? Ne pourrait-on pas prétendre, alors, que les citoyens des provinces bénéficient d'un traitement « particulier », au sens d'inégal ? Et pendant que l'on y est, qu'en est-il de la distinction entre provinces et municipalités ? S'il est logique de mettre dans la même catégorie, disons, le Manitoba et la Saskatchewan ou le Nouveau-Brunswick, pourquoi ne pas faire de même avec l'Île-du-Prince-Édouard et Toronto ? En effet, à la lumière de facteurs tels que la superficie du territoire, la population et l'économie, toute personne qui se préoccupe du traitement égal des individus pourrait remettre en question le fait que les Prince-Édouardiens et les Torontois se trouvent dans des catégories constitutionnelles différentes. Car n'y a-t-il pas quelque chose de fondamentalement inégal, donc d'injuste, dans le fait d'accorder aux quelques centaines de milliers de Prince-Édouardiens leur propre province ainsi que tous les pouvoirs et les privilèges qui accompagnent ce statut, alors que les millions de Torontois doivent partager ces pouvoirs et privilèges avec tous les autres citoyens de l'Ontario ? Et que penser de l'égalité régionale ? Comment devrions-nous interpréter le fait que *quatre* provinces constituent l'Ouest, *deux* le Canada central, et *quatre* l'Est ? Cela ne veut-il pas dire que les régions obtiennent aussi un traitement différent, donc inégal ? Comment justifier cette situation ?

À partir de l'histoire, bien sûr, et des traditions qui nous ont été transmises. Mais le concept d'égalité en tant qu'uniformité s'accorde mal avec la tradition, qui est simplement trop chaotique, trop riche et trop dépendante du contexte en ce qui a trait au sens qu'on lui donne. Toutefois, ce sont ces facteurs historiques qui expliquent que les communautés doivent être traitées différemment les unes des autres, et que, ce faisant, on ne va pas nécessairement à l'encontre du principe d'égalité. Ainsi, comme tout autre bien, l'égalité exige différentes choses dans différents contextes. Après tout, comme le fou d'Érasme a si sagement dit, il y a si longtemps, à propos de l'assimilation entre égalité et uniformité : « Qui ne voit à quel point cette égalité est inégale, exigée d'êtres si divers au physique et au moral[85] ? »

Il y a au moins un autre avantage à transformer notre compréhension de l'égalité dans le sens que je viens d'expliquer : le fédéralisme asymétrique que cette conception sous-tend met en évidence une autre importante différence entre le Canada et les États-Unis, point sur lequel, on le sait, les Canadiens sont particulièrement chatouilleux. En fait, j'irais même jusqu'à dire qu'il y a là quelque chose de fondamentalement honnête, car cette conception constitue une reconnaissance de l'asymétrie qui a toujours caractérisé, *de facto*, la pratique fédéraliste canadienne. Cette asymétrie explique, par exemple, l'existence d'un Code civil au Québec, la garantie qu'un nombre minimal de juges à la Cour suprême proviennent de cette province et l'existence de certains accords administratifs fédéraux-provinciaux spéciaux comme dans le cas de l'immigration. Aucun de ces arrangements n'a jamais été critiqué par les Canadiens qui assimilent égalité et uniformité, ce qui nous amène à nous demander si c'est l'égalité qui préoccupe vraiment ces fédéralistes neutralistes qui se sentent agressés par les revendications nationalistes émanant du Québec. Ainsi, même s'ils s'en défendent explicitement, peut-être leurs inquiétudes viennent-elles davantage du fait que les demandes nationalistes semblent menacer l'intégrité du pays dans son entier. Si c'est le cas, alors j'espère que la conception du Canada que je défends contribuera à apaiser cette peur. Car une véritable communauté civique, une communauté citoyenne, ne perçoit jamais comme une menace la reconnaissance de la diversité de ses composantes.

Si, toutefois, l'égalité est vraiment leur principale préoccupation, alors la conception plus riche de ce concept à laquelle j'en appelle comporte un autre avantage : elle nous aide à mieux comprendre le bien-fondé des politiques linguistiques canadiennes, qui font souvent l'objet de controverses. Ceux qui invoquent le principe de l'égalité en tant qu'uniformité pour critiquer, disons, la loi québécoise sur l'affichage, qui exige que le français soit prédominant dans l'affichage public, se contredisent s'ils soutiennent, comme c'est le cas pour nombre d'entre eux, la Loi sur les langues officielles du gouvernement fédéral. Car en consacrant l'égalité du français et de l'anglais, la loi confère à ces langues un statut spécial face à toutes les autres. Toute application rigoureuse, à cet égard, du principe selon lequel l'égalité équivaut à l'uniformité devrait pourtant interdire qu'un langage ou un autre bénéficie de quelque statut officiel que ce soit, ou même, ce qui est encore moins réaliste, exiger que le gouvernement fédéral et ses ministères exercent leurs activités dans une langue comme l'espéranto. C'est pourquoi toute compréhension adéquate de ce que le principe de l'égalité entraîne au chapitre des politiques linguistiques doit s'appuyer sur une évaluation des particularités du contexte, ce qui sera toujours incompatible avec la conception assimilant égalité et uniformité. Par conséquent, s'il est parfaitement logique que le bilinguisme soit obligatoire au sein des institutions étatiques exerçant leurs activités à Ottawa, la responsabilité qu'a le Québec de maintenir le « fait français » sur un continent qui est très majoritairement anglophone est une raison amplement suffisante pour soutenir une loi provinciale assurant la prédominance de cette langue dans l'affichage public. Il faudrait bien entendu une argumentation beaucoup plus étoffée pour étayer adéquatement cette position, mais je me limiterai à dire ici que cette argumentation, aurait à tout le moins avantage à ne pas être faussée dès le départ par l'adoption d'un principe cartésien clairement inapproprié voulant que l'égalité équivaille à l'uniformité[86].

J'ai beaucoup parlé de ce que les fédéralistes qui se préoccupent d'égalité pourraient apprendre en prenant part à une véritable conversation sur le conflit entre égalité et libération nationale. Mais qu'en est-il des nationalistes québécois ? Rappelons que leur idée de départ est que leur nation ne pourra accéder à une pleine liberté que si elle est gouvernée par un État souverain lui appartenant en propre. Le fait que cette nation réside au sein d'une province faisant partie de ce qui constitue *de jure* un fédéralisme symétrique semble, aux yeux de ces nationalistes, compromettre grandement cette liberté, en dépit du caractère relativement décentralisé de la fédération canadienne. Une reconnaissance constitutionnelle du caractère distinct du Québec contribuerait au règlement du problème, semble-t-on croire, mais seulement en partie, car la nation n'aurait pas atteint une pleine souveraineté, et ne jouirait par conséquent toujours pas d'une liberté pleine et entière.

Deux analogies sont possibles à partir de cette conception de la libération nationale. Premièrement, il y a celle à laquelle nous avons déjà fait référence, où l'État est comparé à une maison qui répond aux besoins purement instrumentaux de la nation qui y habite[87]. Même si, selon la conception patriotique, l'État a le potentiel d'être beaucoup plus — en fait, il existe plusieurs raisons pour lesquelles il *doit* représenter davantage[88] —, cette analogie permet néanmoins de rappeler que les nationalistes se sentent avant tout responsables envers leur nation et accordent moins d'importance à la politique qui se déroule au sein et autour de l'État. C'est donc à la culture et au patrimoine de la communauté nationale, situés principalement dans la société civile, qu'il faut toujours donner priorité. L'importance du rôle joué par l'État à cet égard variera selon les circonstances, et le degré d'implication des nationalistes dans la chose étatique sera proportionnel à l'ampleur de ce rôle.

Mais même si nous acceptons que le fait de posséder « une maison à soi » puisse constituer un objectif nationaliste acceptable, la question demeure à savoir si la nation doit être la seule à occuper cette maison. Si l'État est considéré simplement comme un instrument visant à faire avancer les intérêts *indépendants* de la nation, alors il n'y a aucune raison pour répondre à cette question par l'affirmative. Après tout, le fait de partager un logis peut entraîner d'importants avantages. Nul doute, alors, que la façon de procéder ici devrait se déterminer à partir du contexte et non de jugements *a priori*.

Mais cela ne satisfera pas le nationaliste, ce qui est compréhensible. Il existe en effet quelque chose de particulier dans la relation entre une nation et son État, que nous ne pouvons saisir si nous concevons ce dernier en des termes purement instrumentaux. L'État doit, en un sens, être l'*expression* de la nation, rôle que ne peut jouer aucun outil, ni aucune entité séparée à l'utilité contingente. Ce qu'il faut, c'est donc une forme d'intégration, donc de rapprochement, entre la nation et l'État. Mais notre question se pose encore : qui a dit que ce type de rapport ne devait se nouer qu'entre un seul État et une seule nation ? Pour répondre, le nationaliste pourrait, en invoquant certains des arguments patriotiques présentés plus haut, affirmer que l'État est lui-même l'expression d'une communauté à part entière, c'est-à-dire d'un ensemble de citoyens, et qu'une meilleure analogie pour la relation entre la nation et l'État serait, plutôt que celle des deux entités considérées comme de simples partenaires commerciaux, celle du couple d'amants monogames. La libération nationale, selon cet argument, exige que la nation trouve son expression dans un État qui lui appartienne exclusivement, ce qui est essentiel au maintien de l'intégrité du lien entre les deux communautés. Si cette nation partage son État avec d'autres, tous les protagonistes risquent en quelque sorte de se voir dévalorisés, compromis. Pire, certains membres de la nation pourraient éprouver une attirance pour les cultures des autres communautés, ce qui affaiblirait du coup leur allégeance à leur propre nation. Richard Handler a bien résumé la position souverainiste type : « L'axiome central est toujours le même : un individu, humain ou collectif, ne peut être deux choses à la fois. En divisant ses allégeances, ses affiliations, son identité, on court inévitablement au désastre[89] ».

À ce stade-ci, le lecteur s'attend sans doute à ce que j'objecte que la monogamie n'est pas nécessairement un ingrédient essentiel à la réalisation de l'idéal de l'amour romantique. Même s'il y a peut-être du vrai là-dedans[90], cela ne nous serait ici d'aucune utilité. Je dirais plutôt que l'analogie comparant la nation et l'État à un couple d'amants est entièrement inappropriée. Cela devient évident si on comprend qu'un des membres du couple, la citoyenneté qui s'exprime dans l'État, est un type unique de communauté en ce sens que le bien commun sur lequel elle repose ne se réalise que par le processus continu de rapprochement entre ses parties constitutives, lesquelles peuvent être vues comme des individus, des communautés ou les deux. Bref, si la plupart des autres types de communautés se distinguent par les buts fondamentaux qu'elles permettent d'atteindre — l'épanouissement d'une culture nationale, l'approfondissement du lien entre une communauté régionale et sa géographie, la vénération du sacré dans le cadre d'une pratique religieuse, la tenue d'activités sociales par des associations civiles, etc. —, ce n'est pas le cas d'une communauté civique. Car une grande partie de ce qu'elle est tient au processus de conciliation des conflits qui surviennent entre ses parties, processus qui constitue l'objet même de la politique quand elle est à son meilleur. C'est la raison pour laquelle aucune communauté de citoyens ne peut prétendre à une existence indépendante de celle des autres communautés qui se trouvent à l'intérieur. C'est également pourquoi le fait de voir l'État avant tout comme l'expression d'une telle communauté partagée revient à accepter qu'une partie de sa raison d'être est d'englober toutes les communautés, y compris les communautés nationales, qui évoluent en son sein. Autrement dit, l'État, à son meilleur, s'apparente à un foyer, image qui constitue, en lieu et place de celle des amants monogames, la meilleure analogie pour décrire la relation entre la nation et l'État.

Compte tenu du caractère multiculturel de nos sociétés occidentales, il n'est pas logique pour une nation de choisir de vivre seule dans son foyer, car il y aura inévitablement en son sein des citoyens qui ne sont pas nationalistes, c'est-à-dire qui ne sont pas membres de la nation, ce qui créera par conséquent toujours une possibilité de conflit entre ce que ces derniers tiennent pour vrai et ce que la nation tient pour vrai. Mais cela ne constitue pas nécessairement une menace ; en fait, ce serait plutôt le contraire. Après tout, les personnes célibataires qui vivent seules tendent à avoir des vies plus limitées que celles qui cohabitent avec d'autres, qu'il s'agisse d'amis, d'amants, de parents ou de simples colocataires. Si ce type de cohabitation mène parfois à des discordes et nécessite des compromis, elle procure néanmoins une diversité d'expériences et un degré d'intimité qui ne peuvent qu'être utiles dans la quête perpétuelle d'authenticité personnelle qui est la nôtre. Toujours en partant de l'analogie entre État et foyer, nous pourrions dire que tout comme une maison ne devient jamais vraiment un foyer tant qu'une famille ou qu'un groupe d'amis n'y réside pas, la nation qui partage son État avec d'autres communautés, qu'elles soient de nature ethnique, régionale, religieuse ou nationale, aura peut-être d'autant plus de raisons de se sentir vraiment chez elle au milieu de ce foisonnement.

Pour revenir à la question des Québécois au sein du Canada, comme ils ne constituent pas la majorité des citoyens canadiens, il est loin d'être garanti que le processus législatif d'un Canada démocratique produise des décisions qui leur soient toujours favorables. D'où l'argument nationaliste selon lequel la souveraineté est le meilleur moyen pour les Québécois de se soustraire à la tyrannie potentielle de la majorité (un argument qui tient mal la route à la lumière des invitations à appuyer leur projet que les souverainistes ont lancées à répétition aux communautés minoritaires du Québec). Mais il y a une façon de procéder, qui fait appel à une approche démocratique plus patriotique, où la formulation des politiques est réalisée dans la mesure du possible par la conversation, dans une perspective de rapprochement et de conciliation. Selon le degré de réussite de cette démarche, on peut éviter le comptage des votes, méthode limitée à caractère hautement antipolitique.

Les nationalistes québécois ne devraient pas non plus oublier les importants avantages instrumentaux que procure le fait de partager un pays avec d'autres. Aucun nationaliste qui tient à l'épanouissement de sa culture ne peut manquer de reconnaître les bénéfices associés à l'existence de sources multiples — fédérales autant que provinciales — de financement public pour les arts[91], ou le fait que les contributions de Radio-Québec à la culture québécoise ont été pendant longtemps plutôt modestes comparativement à celles de Radio-Canada. De plus, la perte des Nordiques de Québec, l'une des deux équipes de la LNH de la province, nous rappelle que la nation est constamment menacée par la concurrence du marché libre. C'est donc un avantage non négligeable de faire partie d'un pays qui est assez grand pour être membre du groupe économique regroupant les huit pays les plus industrialisés et qui est en mesure d'appliquer des pressions significatives lors des négociations avec d'autres pays sur des questions touchant le commerce et diverses activités économiques. Ajoutons à cela le fait qu'un Québec indépendant qui ferait usage de la monnaie canadienne aurait un droit de regard réduit sur les politiques monétaires qui le concernent, car il n'aurait plus aucun représentant au sein de la Banque du Canada. Et qu'en serait-il, enfin, de l'influence des Québécois sur le reste du Canada ? Une préoccupation pour le devenir des Canadiens français vivant en dehors de la province, dont le nombre s'élève à presque un million, ne devrait-elle pas compter parmi les responsabilités primordiales de la nation québécoise ? Ou ses membres préféreraient-ils, à l'instar des signataires français du traité de Paris, faire figure de lâcheurs[92] ?

Cependant, il n'existe pas d'argument décisif sur cette question, et on pourrait trouver autant d'arguments à l'appui de la position contraire. Mais si je suis d'avis qu'un Québec demeurant au sein du Canada aurait davantage à offrir aux nationalistes québécois qu'un scénario privilégiant la séparation, nous ne pouvons pas nous offrir le luxe de discuter de cette question tant que la nation québécoise n'a pas obtenu une reconnaissance officielle inscrite dans la constitution, ce qui constitue un préalable fondamental. D'ici à ce que cela se produise, aucun nationaliste qui se respecte n'acceptera de prendre en considération le moindre des arguments présentés ci-dessus. Dans ces circonstances, les exigences en apparence insatiables des Québécois pour une plus grande décentralisation des pouvoirs d'Ottawa vers la ville de Québec sont entièrement compréhensibles. Au risque de me répéter, je dirais que la reconnaissance demandée ne pourra être accordée dans le cadre d'un fédéralisme renouvelé *que* si les Québécois de même que tous les autres Canadiens tendent vers cet objectif en adoptant une démarche que j'ai qualifiée de patriotique, c'est-à-dire en entreprenant une conversation axée vers la conciliation. Au moment d'écrire ces lignes, le sentiment souverainiste est au plus bas, ce qui rend le climat particulièrement propice à ce type de démarche. Mais il faudrait méconnaître complètement l'histoire contemporaine du Québec pour supposer que ce climat va se maintenir éternellement. C'est pourquoi il faudrait commencer la conversation dès maintenant.

LA RECONNAISSANCE DES ANGLO-CANADIENS

Je me souviens d'avoir assisté un jour à un spectacle des Tragically Hip à Londres, en Angleterre, en compagnie d'un ami Québécois. Celui-ci était stupéfait de voir un si grand nombre de personnes brandir avec fierté de grands drapeaux canadiens pendant tout le spectacle. Mais de quoi ces gens pouvaient-ils être si fiers? De la communauté civique, politique qu'est le Canada? À un concert des Tragically Hip?

On pourrait aussi se demander pourquoi les stations de radio dites de «rock canadien» ou de «rock canadien indépendant» qui émettent à partir du site Internet theicebergradio.com ne font *jamais* jouer de chansons ni en français, ni dans une des langues autochtones, ni dans aucune langue autre que l'anglais, pourquoi un si grand nombre de livres censés porter sur la «littérature canadienne» ne font aucune référence aux œuvres qui n'ont pas été écrites en anglais, et pourquoi le *Globe and Mail* de Toronto, qui n'est publié qu'en anglais, s'est autoproclamé «le journal national du Canada». Devrions-nous conclure de tout ça que les Québécois, les autres Canadiens français, les autochtones et les groupes allophones du pays ne sont pas vraiment canadiens?

Bien sûr que non. Les cas que je viens d'énumérer constituent des exemples de cette courante erreur d'inspiration monarchiste consistant à confondre deux communautés distinctes, soit la nation canadienne-anglaise et la communauté citoyenne du Canada. Il va sans dire qu'une reconnaissance du Canada anglais n'implique pas que tous les Canadiens anglophones soient aussi (comme je le suis) des nationalistes anglo-canadiens. Pour l'être, il faut s'identifier à la culture de cette nation—son héritage et ses productions artistiques—, ce qui signifie participer à cette culture ou du moins y prendre un certain intérêt de propriétaire, et entretenir l'espoir qu'elle prospère dans l'avenir — ce que les Québécois appellent la survivance. Ces conditions sont essentielles à toute affirmation d'un bien commun national, et seuls ceux qui y satisfont peuvent être considérés comme faisant partie de la communauté sous-tendue par ce bien. Il ne s'agit pas ici de la culture selon le premier sens défini par Frye, celle qui se rapporte au style de vie, pour la même raison qu'une amitié unique entre deux personnes ne peut être mise en doute sous prétexte que ces personnes portent le même type de vêtements, parlent avec le même accent, regardent les mêmes émissions de télévision, etc., qu'une tierce personne qu'elles ne considèrent aucunement comme un ami. L'amitié implique le partage de quelque chose de beaucoup plus profond que ces éléments de style de vie, et il en va de même d'une nation, dont les membres partagent une même culture selon au moins une des deux autres définitions données par Frye, soit l'existence d'un héritage commun et de productions culturelles spécifiques. Par conséquent, si vous voulez distinguer un Canadien anglais d'un Américain, par exemple, vous ne pourrez le faire qu'à partir de ces deux catégories, et non d'éléments de style de vie.

Bien sûr, l'identification à une communauté nationale exige toujours un certain effort (même si cette démarche peut également s'avérer très agréable). Et comme je l'ai dit, un grand nombre de Canadiens anglophones, s'ils sont prêts à affirmer leur appartenance à la communauté citoyenne canadienne et à s'intéresser à la communauté civique du Canada, ne sont pas prêts à faire ce même effort pour ce qui est de la nation anglo-canadienne. Cela s'explique, encore une fois, par l'influence de la vision du pays élaborée par Trudeau, qui a mené de nombreux anglophones à croire qu'une affirmation du caractère distinct du Canada anglais reviendrait en quelque sorte à menacer l'intégrité du Canada tout entier. Toutefois, il existe aussi une autre explication, relativement simple : de nombreux anglophones ne s'intéressent tout simplement pas à la nation canadienne-anglaise, qui ne leur inspire qu'indifférence.

Que penser de tout ça ? Que dire de plus ? Il y aurait beaucoup de choses à ajouter, me semble-t-il. Mais je me contenterai pour le moment de faire une seule précision. Je commencerai en formulant une objection à une affirmation faite par Michael Ignatieff, suivant laquelle les Serbes et les Croates — qui, selon lui, ne diffèrent pas tellement les uns des autres — se seraient appuyés sur un « narcissisme inspiré de différences mineures » afin de se distinguer[93]. Je crois qu'Ignatieff fait erreur ici, pour la raison mentionnée plus haut, à savoir qu'on ne peut déceler les différences culturelles qu'en regardant du côté de l'affirmation de biens communs nationaux distincts plutôt qu'en cherchant les disparités en matière de style de vie. Il y aurait lieu de parler de narcissisme, toutefois, à propos de ces individus qui sont si ignorants de leur propre nation qu'ils en viennent à invoquer le style de vie pour affirmer le caractère distinct de leur communauté. C'est malheureusement ce que font de nombreux Canadiens anglais, et je ne suis pas fier de le dire, en particulier quand il cherchent à se différencier des Américains. Pensons par exemple à « The Rant », cette publicité de bière immensément populaire où le personnage principal, Joe, nous dit ceci :

Salut. Je ne suis ni un bûcheron, ni un commerçant de fourrures. Je ne vis pas dans un igloo, je ne mange pas de graisse de phoque et je ne me déplace pas en traîneau. Et je ne connais ni Jimmy, ni Sally et ni Suzy, qui habitent au Canada, même si je suis certain que ce sont des gens très, très bien. J'ai un premier ministre, et pas un président. Je parle anglais et français, pas américain. Et je dis « about », pas « aboot ». Je peux afficher fièrement le drapeau de mon pays sur mon sac à dos. Je crois au maintien de la paix, pas au maintien de l'ordre, à la diversité, pas à l'assimilation, et je considère le castor comme un animal fier et noble. Une « toque » se porte sur la tête, un « chesterfield » est un canapé.

Et on dit « zed », pas « zee », mais « zed ». Le Canada possède la deuxième plus grande masse terrestre au monde, et il est la patrie du hockey. Ce qu'il y a de mieux en Amérique du Nord, c'est le Canada ! Mon nom est Joe, et je suis Canadien[94] !

Même s'il est fait allusion, dans ce discours, à certains traits distinctifs de la culture politique canadienne (notre système de gouvernement, notre importante tradition en matière de politique étrangère, notre politique d'immigration), on ne peut s'empêcher d'être frappé par la superficialité du propos à caractère social. Comme reflet du Canada anglais, « The Rant » est un échec lamentable. La référence au hockey pourrait à la rigueur être acceptable, car ce sport, qui est chez nous un important passe-temps, figure parmi le petit nombre d'activités constitutives de la culture canadienne-anglaise au sens du patrimoine ; en tant que sport professionnel, toutefois, il est en train de passer aux mains des Américains[95]. La mention de l'usage du français aurait également pu être acceptable — si, bien sûr, Joe et ses amis anglophones parlaient réellement le français, le mythe de notre bilinguisme généralisé étant un autre symptôme de ce douteux nationalisme civique pan-canadien hérité de l'ère Trudeau.

Peut-être suis-je trop exigeant à l'égard de ce qui, après tout, n'est qu'une publicité de bière. Mais sa popularité est significative. En effet, ce message, qui a été conçu pour vendre une boisson aux Américains, s'est attiré tant d'éloges que Joe a fini par faire une tournée partout au Canada pour déclamer son message devant des foules en délire, notamment à l'ouverture de divers événements sportifs. De toute évidence, selon un grand nombre des personnes présentes, il ne s'agissait pas « que d'une publicité ». Joe leur parlait, et ce qu'il leur disait était au diapason de qui ils croyaient être[96]. Voilà ce qui est si déconcertant.

Je ne cherche surtout pas à dire ici que les Canadiens anglophones seraient en tout points semblables aux Américains si ce n'était de leurs mœurs politiques. C'est plutôt qu'un grand nombre d'entre eux sont aussi des nationalistes anglo-canadiens, et qu'ils seraient eux-mêmes plus conscients de cette réalité et plus sensibles aux qualités distinctives et substantielles de leur culture nationale si l'existence même de leur nation ne leur avait pas été dissimulée par la conception de Trudeau. Ce n'est qu'en rejetant cette vision des choses et en se sensibilisant à la différence entre communautés de citoyens et nations qu'ils en arriveront à une meilleure compréhension de ce qui fait du Canada un tout ainsi qu'à une plus grande connaissance des diverses communautés, y compris leur propre communauté nationale, qui évoluent en son sein. Nation, connais-toi toi-même!

Pour favoriser cette connaissance de soi, il faudrait notamment accepter que le Canada anglais, comme n'importe quelle autre nation, nécessite une forme de reconnaissance étatique. C'est aussi le cas des autochtones, qui ont exigé non seulement le respect des nombreux traités qu'ils avaient signés par le passé avec l'État canadien, mais aussi l'établissement d'un nouvel ordre de gouvernement qui régirait leurs nations et en assurerait la reconnaissance. Et pour ce qui est des Québécois, je suis de toute évidence d'accord avec ceux qui considèrent essentielle l'inclusion, dans la constitution, d'une clause de reconnaissance nationale accordant un statut *de jure* à un fédéralisme déjà *de facto* asymétrique. Car, comme l'a écrit Charles Taylor, «quiconque peut utiliser l'expression "*simple symbole*" laisse échapper un élément essentiel de la nature de la société moderne[97]». Alors, que faire dans le cas des Anglo-Canadiens? Ils considèrent Ottawa comme le siège de l'État qui représente leur nation, sans que cet État ne les ait jamais explicitement reconnus en tant que nation. Comment arriver à cette reconnaissance, en gardant à l'esprit que ce même État est également le siège de la communauté civique dont l'*ensemble* des Canadiens doivent être considérés comme des membres à part entière?

À ce stade-ci, je n'ai qu'une suggestion à faire: la nomination, au sein du ministère fédéral du Patrimoine canadien, aux côtés des secrétaires d'État existants au multiculturalisme, à la condition féminine et au sport amateur, d'un secrétaire d'État au Canada anglais, et d'un autre pour le Québec. Les deux nouveaux membres du cabinet auraient la responsabilité d'assurer que les besoins de leurs nations respectives fassent l'objet d'une attention spéciale au sein du ministère. De plus, une fois menée à bien l'autonomie gouvernementale des autochtones, on pourrait abolir le ministère des Affaires indiennes et le remplacer par un secrétaire d'État aux Canadiens autochtones. Ainsi, les trois nations de notre pays obtiendraient l'attention qu'elles méritent. Non seulement jouiraient-elles d'une forme de reconnaissance dans le cadre des activités courantes du gouvernement fédéral, mais ces activités feraient complément aux contributions au développement culturel apporté par les autres structures étatiques régissant ces nations : les gouvernements municipaux et provinciaux des Anglo-Canadiens et des Québécois, et les instances gouvernementales propres aux autochtones.

Le fait de placer de cette façon le Canada anglais sur un pied d'égalité avec les autres communautés nationales et ethniques du Canada constituerait un pas important dans la mise en valeur de son statut de nation ; qui plus est, ce pas serait accompli par le seul État apte à le faire adéquatement, c'est-à-dire celui-là même dont les activités ont donné lieu à la création de cette nation.

LA RÉFORME DU PARLEMENT

L'existence, en vertu de la Charte des droits, d'une Cour suprême monarchiste dans ce pays devrait inquiéter toutes les personnes qui se soucient de la qualité de notre dialogue politique. Mais la menace monarchiste n'est pas la seule qui pèse sur nous ; le pouvoir dictatorial dont jouit le premier ministre, conjugué à l'existence de groupes d'intérêts hautement influents axés sur des objectifs bien précis signale également la présence d'une menace polyarchiste. Une des façons de remédier à cela consisterait à réformer le Parlement. J'aimerais décrire ici deux types de réformes qui pourraient être mises en œuvre.

La première aurait pour objectif une décentralisation du pouvoir. Retirer à la Cour suprême son pouvoir d'abolir des lois — pouvoir qui, soit dit en passant, est la principale raison pour laquelle les groupes d'intérêts ont de plus en plus tendance à contourner le Parlement et à opter pour les tribunaux — constituerait certainement un pas dans la bonne direction. Mais au bout du compte, dans l'état actuel des choses, cette réforme ne reviendrait qu'à donner plus de pouvoirs à un premier ministre qui prend déjà largement plus de place qu'il ne le devrait au sein du cabinet. Non pas qu'une meilleure répartition du pouvoir au sein du cabinet suffirait à elle seule à corriger la situation ; elle ne changerait en rien la nature hautement adversative des procédures parlementaires, raison pour laquelle la conversation est pratiquement absente de l'enceinte du Parlement.

Cela implique-t-il que nous devrions songer à abandonner complètement le système parlementaire et à opter pour un système républicain où le pouvoir résiderait entre les mains d'une population prépolitique située dans la société civile, pour ensuite œuvrer à transférer ce pouvoir aux citoyens et à leurs représentants ? Cela signifierait abandonner l'une de nos traditions politiques les plus fondamentales[98], ce qui est rarement une solution. Cependant, il existe une autre avenue possible, qui contribuerait à placer au moins une partie du pouvoir — lequel, selon notre tradition, vient de la Couronne — non pas entre les mains du premier ministre et du Cabinet, mais entre celles du Parlement et de la communauté citoyenne dans son ensemble. Je pense ici au projet de réforme du système électoral consistant à y incorporer un degré de représentation proportionnelle. Car en augmentant la possibilité d'élire des gouvernements minoritaires et donc en réduisant le pouvoir des directions de partis de contrôler les députés, ces derniers pourraient avoir une influence beaucoup plus grande[99].

Bon nombre des personnes qui soutiennent cette réforme le font parce qu'elles y voient un moyen de réaffirmer un principe de plus en plus bafoué, celui du gouvernement responsable. Je crois, toutefois, qu'une telle réforme aurait un effet encore plus profond : elle contribuerait à transformer notre compréhension de ce principe de façon à ce qu'il reflète encore davantage les idéaux qui le sous-tendent. Car si la représentation proportionnelle n'enlèverait pas au Cabinet son pouvoir quasi exclusif de proposer des lois, elle remettrait en question de façon constructive une division établie à partir d'une conception communément acceptée du gouvernement responsable, suivant laquelle les députés ordinaires sont élus non pas pour gouverner, mais pour obliger ceux dont c'est la responsabilité à rendre des comptes en leur accordant ou en leur retirant leur appui[100]. Or, un tel mécanisme revient à tracer une ligne continue entre les gouvernés et les gouvernants. L'introduction de la représentation proportionnelle aurait un effet encore plus grand que le simple renforcement de la législature, car elle éliminerait de notre vie politique le scrutin à un seul vainqueur, caractéristique de notre système uninominal majoritaire à un tour ; cette réforme contribuerait donc à réduire le degré général d'antagonisme. Ainsi, les membres du Cabinet seraient en mesure et obligés d'écouter attentivement les débats parlementaires, à tout le moins beaucoup plus qu'ils ne le font présentement. De nombreux rapprochements entre le Cabinet et l'assemblée législative seraient alors possibles, et des députés ordinaires pourraient jouer au sein du gouvernement un rôle *proactif* et non plus seulement *réactif*. Ils ne se contenteraient plus d'obliger le cabinet à rendre des comptes : dans un sens, leur participation se situerait à *l'intérieur* du gouvernement au lieu de simplement consister à agir *sur* lui. C'est comme si des « trous » étaient pratiqués dans la ligne séparant les députés du Cabinet, les gouvernés des gouvernants.

Nous pourrions atteindre ce même résultat en adoptant une autre réforme, qui vise à modifier encore plus directement la nature des débats parlementaires. Présentement, la Chambre des communes est structurée selon un modèle polyarchiste, comme en témoigne clairement le caractère hautement antagoniste des discussions qui s'y déroulent. Pour un polyarchiste pluraliste comme C.E.S. Franks, toutefois, tout cela est une bonne chose, parce que la « politique », selon lui, est une « guerre des mots », une activité

> que l'on appelle, fort pertinemment, l'art du compromis. La gouvernance est une recherche constante d'équilibre entre des intérêts contradictoires et conflictuels, où on doit jongler avec des ressources financières et humaines limitées afin de satisfaire à des demandes illimitées et souvent antagonistes. Des dépenses autorisées dans un domaine provoqueront du mécontentement dans un autre. Le travail contre le capital, l'Est contre l'Ouest, la grande ville contre les petits villages, l'État providence contre la réduction des impôts ; toute la gamme des services et des programmes gouvernementaux fait constamment l'objet de disputes. Le gouvernement doit continuellement procéder à une série de concessions et de compromis entre tous ces intérêts contradictoires pour faire en sorte que l'électorat, même s'il n'est jamais entièrement satisfait, le soit tout de même suffisamment pour le reporter au pouvoir[101].

De l'avis de Franks, le Parlement a un rôle important à jouer dans ce monde pluraliste. Car en contribuant à légitimer les compromis et les accommodements, qu'il considère comme fondamentaux, le Parlement aide le gouvernement à établir le « consentement » qui le lie à l'électorat[102]. En outre, ce lien relèverait essentiellement de la responsabilité ; selon Franks,

> l'élément moteur permettant de responsabiliser le gouvernement est une opposition officielle motivée par un désir de prouver que le gouvernement est incompétent ou bien pire, et qu'elle-même ferait un meilleur travail. En raison du contexte et du climat d'affrontement, le gouvernement, pour triompher des critiques et les devancer, doit produire des politiques qui recevront l'approbation la plus large possible. L'opposition, de son

côté, doit chercher à se gagner un soutien tout aussi large. Une opposition faible n'est pas en mesure d'obliger le gouvernement à rendre des comptes, et ne constituera pas non plus une solution de rechange crédible. Une opposition solide et efficace est essentielle à la bonne marche d'un gouvernement parlementaire.

Frank ajoute :

Les débats qui se déroulent au sein du Parlement sont de type adversatif. On suppose, au départ, que des problèmes comportant plusieurs facettes peuvent se réduire à deux points de vue : pour et contre. Souvent, la réalité est qu'un grand nombre des membres du gouvernement sont contre ou peu enthousiastes face à une question, alors qu'un petit nombre de membres de l'opposition sont en faveur. Mais ces subtilités disparaissent lors des débats parlementaires. Ce système a une structure similaire à nos tribunaux, qui fonctionnent selon un modèle contradictoire plutôt qu'inquisitoire. Le consentement est obtenu par la lutte parlementaire : le gouvernement, en repoussant les attaques de l'opposition et en mettant de l'avant ses propositions avec conviction et vigueur, prouve la sincérité et la justesse de sa cause. Ce processus n'est ni rationnel ni scientifique, mais il mène au consentement, même si c'est par le conflit plutôt que par la coopération[103].

L'un des dangers d'une opposition faible, affirme Franks, est qu'en raison de sa position inférieure et du peu d'attentes qu'elle suscite, elle échappe à la « discipline du compromis » et devienne une force négative se contentant de critiquer le gouvernement de façon primaire sans offrir de solutions de rechange cohérentes et, au pire, causant l'obstruction des procédures parlementaires et employant des moyens dilatoires[104]. Voilà une préoccupation compréhensible, surtout à la lumière de la crainte qu'ont les pluralistes de voir dégénérer la pratique politique en cette autre forme de polyarchie, la *realpolitik*, où les parties en conflit ne se sentent aucunement tenues de respecter le droit des autres au désaccord. En effet, lorsque cela se produit, la vraie politique, celle qui repose sur le dialogue, est à toutes fins pratiques abandonnée.

Le patriote, toutefois, soulèvera une autre préoccupation. Il ne suffit pas, en politique parlementaire, de s'assurer d'accorder une place à n'importe quelle forme de dialogue. Ce qu'il faut, du moins à l'occasion, c'est pratiquer la conversation dans le but d'arriver à des rapprochements et de faire valoir le bien commun. Non pas que cela ne se produise jamais : le système de comités du Parlement est un peu moins adversatif que ses autres instances, à un point tel, selon Franks, qu'il peut généralement viser le consensus. Mais Franks n'est pas d'accord pour accorder un rôle accru aux comités, et il a raison, même si le motif qu'il invoque à cet égard est selon moi erroné. En effet, sa principale inquiétude est qu'une telle réforme augmenterait l'influence des groupes d'intérêt et renforcerait le pluralisme bureaucratique[105] au détriment des partis qui, reconnaît-il, ont tendance à avoir un champ d'intervention beaucoup plus vaste que les groupes d'intérêt (notons que cette préoccupation aux accents plutôt patriotiques face aux « excès du particularisme en politique canadienne[106] » cadre plutôt mal avec l'orientation pluraliste de Franks). Mais Franks a tort de prétendre que les partis politiques ne peuvent se concevoir que comme des ennemis, et que l'esprit partisan et l'opposition sont nécessairement synonymes d'affrontement. Lorsqu'il se prononce sur le caractère adversatif du système parlementaire, par exemple, il dit que ce système investit forcément « l'opposition du rôle, et même de l'obligation de critiquer et de s'opposer[107] ». Mais il est possible de faire tout ça dans l'optique non pas de terrasser un ennemi, mais de faire valoir le bien que nous et notre « opposant » avons en commun. En effet, les opposants peuvent choisir de prendre part à une conversation dont l'objectif est le rapprochement ; seuls les vrais « adversaires » doivent se limiter au dialogue — si, bien entendu, ils choisissent le dialogue plutôt que la force —, dont la dynamique est celle d'un jeu à somme nulle[108].

En fait, la volonté d'adopter l'attitude d'un opposant qui ne soit pas en même temps un adversaire devrait être la principale responsabilité de La loyale Opposition de Sa Majesté. Car à quoi, en réalité, l'opposition est-elle censée être loyale ? « Sa Majesté », selon la tradition, signifie l'ensemble du corps politique et ne peut se réduire à aucun parti politique en particulier. Par conséquent, si nous ne voulons pas interpréter ce terme selon une logique monarchiste, nous devions choisir, semble-t-il, d'invoquer le bien commun de la communauté civique, des citoyens dans leur ensemble. Toutefois, le Parlement lui-même, de par sa conception et son mode de fonctionnement actuels, n'encourage pas ce type d'ouverture. Il y a ici un grand nombre d'avenues possibles, mais je me limiterai à une seule proposition de réforme, dans l'espoir, encore une fois, qu'elle suggère à d'autres la direction à emprunter.

Ma proposition portera sur l'architecture des édifices abritant les chambres du Parlement. David Smith a fait remarquer que les législatures provinciales du Canada, même si elles constituent toutes des incarnations de la tradition de Westminster, montrent néanmoins une grande diversité de styles architecturaux[109]. Toutefois, les édifices abritant les chambres sont tous rectangulaires. On imagine un groupe de personnes assises les unes en face des autres comme des adversaires qui s'affrontent plutôt que comme des opposants qui, même s'ils sont en désaccord, mettent de l'avant des arguments qu'ils croient susceptibles de favoriser la réalisation du bien commun. Cet esprit moins empreint d'antagonisme serait davantage encouragé, selon moi, par une disposition en demi-cercle suggérant que ce qui est attendu des personnes en présence, du moins en principe, est de travailler à l'intégration et à la conciliation[110]. Il faudrait peut-être aussi songer à réduire la grandeur des chambres, et ce, pour la même raison que celle invoquée par Winston Churchill, probablement le plus grand parlementaire du siècle dernier. Au cours d'un débat sur une proposition visant l'agrandissement de la salle de réunion de Westminster, Churchill a présenté l'argument suivant :

> Si la Chambre est assez grande pour contenir tous ses membres, les neuf dixièmes de ses débats se dérouleront dans l'atmosphère déprimante d'une salle presque ou à moitié vide. L'ingrédient essentiel à de bonnes discussions dans la Chambre des communes est le ton propre à la conversation, qui rend possibles les interruptions et les échanges rapides et informels... Mais ce ton nécessite un espace plutôt petit ; dans les grandes occasions, on devrait éprouver en Chambre un sentiment d'urgence, dans un espace rempli à craquer. On devrait sentir que des choses importantes y sont dites et que de grandes décisions y sont prises[III].

Churchill, cependant, s'est opposé à la disposition en fer à cheval pour les raisons suivantes : « La forme oblongue de la Chambre est beaucoup mieux adaptée au système des partis. S'il est facile pour un individu de traverser les fines gradations qui mènent de la gauche à la droite, traverser la pièce exige une sérieuse réflexion »[112]. Mais ce sont précisément les subtilités de position rendues possibles par la disposition en demi-cercle qui devraient intéresser toute personne qui, comme c'était le cas de Churchill, trouve important d'accorder une place, au sein du Parlement, au « ton de la conversation ».

Cela ne veut pas dire que les dialogues à caractère plus antagoniste n'aient leur place nulle part. Les partis du Parlement ou des législatures provinciales, après tout, sont également censés chercher à accéder au gouvernement ou à se maintenir au pouvoir, et sauf dans le cas des gouvernements minoritaires, il s'agit ici d'une compétition à un seul vainqueur. Les législatures ont un rôle qui va au-delà de la formulation de politiques. Elles sont également les arènes où les partis se révèlent à un électorat qui sera un jour appelé à faire son choix parmi l'ensemble d'entre eux. C'est pourquoi je crois que la période de questions, même si elle devrait prendre place dans une salle de conception différente, devrait aussi conserver son caractère antagoniste, car le Parlement et les législatures provinciales doivent continuer à offrir un cadre où les partis ne cherchent pas autre chose qu'à obtenir le plus de votes possible aux élections[113].

En somme, une réforme du type de celle que je suggère aurait pour but un changement fondamental dans notre façon de concevoir la raison d'être des débats parlementaires[114]. Nous devons considérer ces débats, du moins en principe, comme un moyen d'arriver aux types de rapprochements qui, pour le moment, sont plus susceptibles de survenir au sein des comités ou dans le cadre de commissions royales ou d'autres groupes de travail (un plus grand recours à ces groupes devrait aussi, pour des raisons similaires, être encouragé). Évidemment, je ne m'imagine pas que des changements architecturaux suffiraient, à eux seuls, à susciter de réelles conversations. D'abord, le contexte inévitablement public des débats parlementaires constituera toujours un obstacle à la façon de parler et d'écouter qu'exige la conversation. Cependant, en tant que lieux symboliques de dialogue politique portant sur un ensemble de sujets qui touchent les communautés civiques, le Parlement et les législatures provinciales devraient à tout le moins *chercher* à surmonter plutôt qu'à encourager les relations antagonistes favorisant la division, dans le but de faire valoir le bien commun des citoyens qu'ils représentent.

Si la réforme que je propose permet d'installer ces conditions minimales, les effets globaux des succès, même partiaux, auxquels elle donnera lieu pourraient résoudre certaines des préoccupations soulevées par ceux—notamment les résidants de l'Ouest, les femmes ou d'autres groupes marginalisés dans notre société—qui ont toujours obtenu une représentation minoritaire dans notre Parlement et en sont venus à éprouver un sentiment d'aliénation face à Ottawa. Car comme nous l'avons vu, un rapprochement réussi signifie qu'on arrive à répondre aux besoins de *tous* les citoyens, y compris ceux qui se perçoivent comme des membres d'un groupe minoritaire. Ces succès devraient également ouvrir la voie à d'autres réformes visant à protéger notre démocratie contre les tendances monarchistes. Par exemple, ceux qui en appellent à un Sénat selon le modèle «des trois E» (élu, efficace, égal) se sont souvent butés à la résistance du Canada central, qui craint qu'une présence plus forte de régions comme l'Ouest affaiblisse sa propre représentation. Mais cela n'est vrai que dans le cadre de la relation à un seul vainqueur entre majorité et minorité qui caractérise notre système basé sur le comptage démocratique des votes. Or, ces contraintes pourraient jusqu'à un certain point être dépassées grâce à une approche privilégiant les rapprochements plutôt que les votes. De même, en se montrant plus sensible aux préoccupations régionales, Ottawa serait plus ouvert à la conciliation des divergences lors des conflits l'opposant aux provinces et territoires. Cela constituerait une rupture salutaire avec le fameux «modèle westphalien», qui encourage depuis si longtemps les gouvernements fédéral et provinciaux entretenir entre eux des rapports dignes d'États semi-souverains[115]. Par quoi remplacer ce modèle? Par ce que David Cameron et Richard Simeon ont appelé un «fédéralisme axé sur la collaboration», où des objectifs touchant l'ensemble du pays sont atteints non pas en laissant Ottawa agir seul, mais dans le cadre d'une concertation entre ce dernier, les provinces et les territoires[116]. Une intégration à l'intérieur de toutes ces législatures pourrait favoriser une meilleure intégration entre elles.

Notes

1. John Ralston Saul, qui fait état d'une dichotomie similaire, se préoccupe également de la relation qui existe entre les deux. Toutefois, je suis d'avis qu'il préconise un trop grand apport de l'élément loup (à ce sujet lire, les chapitres 11 et 16 de son ouvrage *Réflexions d'un frère siamois*) et ne comprend pas que ce besoin se limite au domaine politique.

2. Daniel Drache et Roberto Perin (dir.) écrivent ce qui suit en introduction à leur livre, *Negotiating with a Sovereign Quebec*, p. 1 : «Un autre livre sur l'in-

terminable saga constitutionnelle canadienne ? Les Canadiens auront raison de réagir avec un mélange de méfiance, d'irritation et d'ennui devant
une crise vieille de trente ans qui ressurgit sans cesse aussitôt qu'on la
croyait résolue. » Et Peter H. Russell commence la deuxième édition de
son livre *Constitutional Odyssey*, p. 1, en souhaitant sincèrement que « la
population Canadienne ne soit pas de sitôt [mise à l'épreuve par une autre
ronde de négociations constitutionnelles] et que, à tout le moins pendant
quelques années, rien de trop sérieux ne survienne dans l'arène constitutionnelle qui rendrait nécessaire une troisième édition de ce livre ».

3. Voir Cairns, *Charter versus Federalism : The Dilemmas of Constitutional Reform*,
    p. 65-66.
4. Schumpeter, *Capitalisme, socialisme et démocratie*, p. 332.
5. Voir, par exemple, Isaiah Berlin, « Les idées politiques au XXᵉ siècle », dans
    Éloge de la liberté, en particulier les pages 68-69, Michael Walzer, « Political
    Action : The Problem of Dirty Hands », Bernard Williams, « Politics and
    Moral Character », et Stuart Hampshire, *Innocence and Experience*, en parti-
    culier les pages 170-177.
6. Waltzer, « What Rights for Cultural Communities ? ».
7. Voir Russell, *Constitutional Odyssey*, p. 222-223.
8. Joyce, *Finnegans Wake*, p. 23. C'est nous qui traduisons.
9. Trudeau, « Des valeurs d'une société juste », p. 384.
10. *Ibid.*, p. 385-386.
11. C'est la raison pour laquelle je suis profondément en désaccord avec l'ar-
    gument de Peter Russell suivant lequel la Charte, en particulier parce
    qu'elle a ouvert la porte au processus de contrôle judiciaire, peut jouer le
    rôle d'agent intégrateur. Voir Russell, « The Political Purposes of the
    Canadian Charter of Rights and Freedoms », p. 31-43.
12. Waldron, « When Justice Replaces Affection : The Need for Rights », p. 373.
13. Cairns, *Charter versus Federalism*, p. 49.
14. *Ibid.*, p. 74.
15. Cela explique le vaste soutien apporté initialement à la suspension, par
    le gouvernement Trudeau, des libertés civiles en vertu de la Loi des
    mesures de guerre lors de la Crise d'octobre de 1970 — exprimé dans les
    sondages d'opinions, les éditoriaux, les votes enregistrés à la Chambre
    des communes et à l'Assemblée nationale du Québec ainsi que lors des
    élections municipales montréalaises et de deux élections partielles fédé-
    rales tenues au Québec. Voir Kenneth McNaught, *The Pelican History of
    Canada*, p. 320-321.
16. Voir, par exemple, John Rawls, *Le droit des gens*.
17. Voir, par exemple, Jürgen Habermas, « Citoyenneté et identité nationale :
    réflexions sur l'avenir de l'Europe ».
18. Voir Cairns, *Charter versus Federalism*, ch. 1.
19. *Ibid.*, p. 85.
20. *Ibid.*
21. *Ibid.*, p. 75.
22. *Ibid.*, p. 85. Voir aussi Webber, *Reimagining Canada*, p. 96-97, et Peter H.
    Russell, « The First Three Years in Charterland », p. 380.
23. Avishai Margalit et Moshe Halbertal critiquent avec raison la théorie du
    multiculturalisme avancée par Will Kymlicka en lui reprochant son carac-

tère abstrait et son effet de décontextualisation, bien qu'ils le fassent dans une perspective plus pluraliste que patriotique. Voir leur article « Liberalism and the Right to Culture », p. 502-506.

24. Voir « Pour une politique fonctionnelle ».

25. Balthazar, « The Dynamics of Multi-Ethnicity in French-Speaking Quebec : Towards a New Citizenship », p. 82, 90.

26. Seymour, *La nation en question*, p. 104. Pour une raison similaire, Wayne Norman semble tenir une bonne piste lorsqu'il affirme que le nationalisme civique mène logiquement au cosmopolitisme plutôt qu'au nationalisme. Voir Norman, « Les paradoxes du nationalisme civique », p. 163-165.

27. Katherine A. Graham et Susan D. Phillips, « Citizen Engagement : Beyond the Customer Revolution », p. 256.

28. *Ibid.*, p. 264.

29. *Ibid.*, p. 269.

30. Taylor, *Les sources du moi : la formation de l'identité moderne*, p. 653. Les numéros n'ont pas tous la même froideur anonyme. Je pense par exemple à la signification toute particulière qu'a pour moi le numéro quatorze, qu'arborait sur son chandail Dave Keon, mon héros de jeunesse, alors capitaine des Maple Leafs de Toronto. Mais ce type de phénomène est très rare —aussi rare, pourrait-on dire, que les vrais héros.

31. J'aimerais remercier Christophe Leblay du Service des systèmes d'information de la société Nortel Networks de m'avoir fourni cette estimation.

32. J'aimerais remercier Barry McCartan pour cette suggestion.

33. Voir, par exemple, Franz Kafka, *Le procès* et « Dans la colonie pénitentiaire », ainsi que Michel Foucault, *Surveiller et punir : naissance de la prison*.

34. Sur le Livre blanc, voir J.R. Miller, *Skyscrapers Hide the Heavens : A History of Indian-White Relations in Canada*, p. 223-229.

35. Voir Flanagan, *First Nations ? Second Thoughts*.

36. Voir gouvernement du Canada, *À l'aube d'un rapprochement : points saillants du rapport de la Commission royale sur les peuples autochtones*.

37. Cairns, *Citizens Plus : Aboriginal Peoples and the Canadian State*, p. 92.

38. *Ibid.*, p. 115.

39. *Ibid.*, p. 202-203.

40. *Ibid.*, p. 165.

41. *Ibid.*, p. 200.

42. *Ibid.*, p. 167, 206.

43. *Ibid.*, p. 158.

44. *Ibid.*, p. 182.

45. *Ibid.*, p. 188.

46. *Ibid.*, p. 192-199.

47. *Ibid.*, p. 205-209.

48. *Ibid.*, p. 200.

49. Ramsay Cook, « *Sauvages*, Indians, Aboriginals, Amerindians, Native Peoples, First Nations », dans *Canada, Quebec, and the Uses of Nationalism*, p. 83.

50. Frank, « Getting Angry over Native Rights », p. 18.

51. *Ibid.*, p. 21.

52. *Ibid.*, p. 23.

53. Comme il le fait dans *ibid.*, p. 24.

54. *Ibid.*, p. 21.

55. Ceci va dans le sens de l'affirmation de Michael Walzer sur le caractère exorbitant de ce qu'il a appelé fort justement les « échanges désespérés » qui ont souvent lieu au sein d'un marché libre. Voir Walzer, *Sphères de justice : une défense du pluralisme et de l'égalité*.

56. Pour développer ces deux aspects, je me suis inspiré d'un document de travail élaboré par la Aboriginals Rights Coalitions of Victoria and British Columbia.

57. Fontaine, « Allocution d'ouverture ».

58. Coon Come, « Remarks to the Canada Seminar ».

59. Latraverse, « Les pauvres ».

60. Arendt, « Civil Desobedience ».

61. Pour un compte rendu de cet épisode, quoique quelque peu exagéré, voir Robert Hunter et Robert Calihoo, *Occupied Canada : A Young White Man Discovers His Unsuspected Past*, ch. 23. Voir aussi Bruce E. Johansen, *Forgotten Founders : Benjamin Franklin, The Iroquois and the Rationale for the American Revolution*. Bien entendu, la contribution des autochtones est loin de se limiter au domaine politique. Voir Louise Côté et autres, *L'indien généreux : ce que le monde doit aux Amériques*.

62. Pour un exemple représentatif, voir Mark Tunick, *Punishment : Theory and Practice*. À propos de la crise dans nos prisons, voir David Cayley, *The Expanding Prison : The Crisis in Crime and Punishment and the Search for Alternatives*.

63. David Cayley a déjà entrepris cette démarche (voir ibid., ch. 10 et 11), de même que toutes les personnes qui affirment qu'il y a une place pour la justice réparatrice au Canada.

64. Angus, *A Border Within*.

65. Cité dans Donald G. Creighton, *John A. Macdonald : The Young Politician*, p. 227.

66. Les cinq conditions de Bourassa étaient les suivantes : 1) La reconnaissance constitutionnelle du Québec comme société distincte ; 2) un rôle accru des provinces dans le dossier de l'immigration ; 3) un droit de regard des provinces dans la nomination des juges à la Cour suprême ; 4) une limitation au pouvoir de dépenser du gouvernement fédéral ; 5) un droit de veto pour le Québec sur tout amendement constitutionnel à venir. Voir Canada, Comité spécial mixte du Sénat et de la Chambre des communes, *L'accord constitutionnel de 1987*.

67. Tout comme les idées de Michael Keating en la matière : « La relation entre le Québec et le reste du Canada continuera d'évoluer et fera toujours l'objet de négociations. Cela est un aspect inhérent à la façon normale de faire de la politique. » Keating, « Canada and Quebec : Two Nationalisms in the Global Age », p. 185.

68. Dans son percutant essai, « La politique de la reconnaissance », Charles Taylor omet de faire une importante mise au point, à savoir que toute reconnaissance passe par la conversation et non la négociation.

69. Voir McRoberts, *Un pays à refaire*, p. 430, note 24.

70. Voir, par exemple : Stéphane Dion, « Un point tournant dans l'histoire du Canada : l'avis de la Cour suprême sur la sécession unilatérale » ; Jeffrey Simpson, « A Wake-Up Call for the Rest of Canada » ; McRoberts, *Un pays*

à refaire, p. 371 à 381 ; Robert A. Young, *La sécession du Québec et l'avenir du Canada* ; Paul Boothe et autres, *Closing the Books : Dividing Federal Assets and Debt if Canada Breaks Up.*

71. « Si le Québec nous rejette, nous devrions obtenir un généreux règlement, en maintenant les contacts et les échanges commerciaux. Toutefois, nous ne devons pas accepter ce divorce en maintenant les frontières actuelles de la province de Québec. » Bruce W. Hodgins, « The Northern Boundary of Quebec : The James Bay Crees as Self-Governing Canadians », p. 149. Voir aussi Drache et Perin (dir.), *Negotiating with a Sovereign Quebec*, 3ᵉ partie, ainsi que David Jay Bercuson et Barry Cooper, *Deconfederation : Canada Without Quebec*, p. 37-66.

72. Whitaker, « With or Without Quebec ? », dans Granatstein et McNaught (dir.), *« English Canada » Speaks Out*, p. 25.

73. Il va sans dire que le méga-rassemblement fédéraliste tenu à Montréal quelques jours avant le vote lors du dernier référendum québécois n'avait rien de bien séduisant !

74. Voir Séguin, *L'idée de l'indépendance du Québec : genèse et historique.*

75. Et cela en dépit du fait que sept provinces sur neuf, représentant environ quatre-vingt-huit pour cent des populations concernées, ont endossé l'accord.

76. Je suis toujours étonné de voir que certains Québécois prennent encore au sérieux l'attitude condescendante que manifestent parfois les Français de Paris, ancienne métropole coloniale, à l'égard de leurs cousins du Québec. Ils ne devraient pas se formaliser de cette attitude, car le snobisme parisien semble s'appliquer à tout ce qui est extérieur à la ville lumière, y compris, comme je l'ai déjà entendu dire, cet « autre pays » qu'est le reste de la France.

77. Cela ne vaut pas que pour les Québécois, car cette tactique a également été utilisée par certains représentants des communautés minoritaires anglophone et allophone de la province. Sur la lutte contemporaine pour l'obtention du monopole du statut de victime dans la province, voir Daniel Salée, « Quebec Sovereignty and the Challenge of Linguistic and Ethnocultural Minorities : Identity, Difference and the Politics of *Ressentiment* ».

78. Cité dans J. Stéphan Dupré, « Canada's Political and Constitutional Future : Reflections on the Bélanger-Campeau Report and Bill 150 », p. 73-74.

79. Voir Chalk Circle, « Sons and Daughters », tiré de l'album *As the Crow Flies.*

80. The Guess Who, « American Woman », tiré de l'album *American Woman.*

81. Voir les articles 13 et 14 du projet de loi de 1995 sur la souveraineté du Québec.

82. « Leurs positions ont été obtenues au terme de débats ayant eu lieu à l'intérieur du Québec, entre acteurs québécois ; ces débats ont été abordés dans l'optique des intérêts nationaux du Québec et leur aboutissement formulé comme une option choisie par le Québec. La participation des Canadiens anglais hors Québec n'a jamais été sollicitée ni voulue. » Whitaker, « With or Without Quebec ? », p. 21.

83. *Ibid.*, p. 1, c'est moi qui souligne.

84. Pour un développement de ce concept selon cette optique, voir Isaiah Berlin, « Equality », dans *Concepts and Categories : Philosophical Essays.*

85. Érasme, *L'éloge de la folie*, p. 99.

86. Pour une discussion plus détaillée des politiques linguistiques québé-coises, voir mon article « L'hébreu en Israël : des leçons pour le français au Québec ? ».

87. Voir à ce sujet le compte rendu fonctionnaliste d'Ernest Gellner dans *Nations et nationalisme*.

88. Pour des arguments allant dans ce sens concernant les questions de gou-vernance, de bien-être et de reconnaissance politique, voir mon livre *From Pluralist to Patriotic Politics*, chapitres 5-7.

89. Handler, *Nationalism and the Politics of Culture in Quebec*, p. 48-49.

90. J'aborde cette question dans mon article « What's Wrong with Hypergoods ».

91. Je remarque, par exemple, que le très populaire chanteur québécois Jean Leloup a reçu une subvention de Patrimoine Canada, qui relève du fédéral, pour la production de son album *Les fourmis*, acclamé par la critique, et non, pour une raison inconnue, du ministère de la Culture du Québec. Mentionnons que l'album a également été en nomination pour un prix Juno.

92. C'est aux Français, signataires du traité qui consacrait, en 1763, la ces-sion de presque tous leurs avoirs fonciers d'Amérique du Nord aux Britanniques, que Philippe Aubert de Gaspé faisait référence lorsqu'il a écrit : « Un voile sombre couvrait toute la surface de la Nouvelle-France, car la mère-patrie, en vraie marâtre, avait abandonné ses enfants canadiens. » De Gaspé, *Les anciens Canadiens*, p. 162.

93. Voir Ignatieff, « Le narcissisme de la petite différence ».

94. « Hey. I'm not a lumberjack or a fur trader. I don't live in an igloo or eat blubber or own a dogsled. And I don't know Jimmy, Sally or Suzy from Canada, although I'm certain that they're really, really nice. I have a prime minister, not a president. I speak English and French, not American. And I pronounce it "about", not "aboot". I can proudly sew my country's flag on my backpack. I believe in peacekeeping, not policing ; diversity, not assimilation ; and that the beaver is a truly proud and noble animal. A toque is a hat. A chesterfield is a couch. And it's pronounced "zed" — not "zee" — "zed". Canada is the second largest land mass, the first nation of hockey, and the best part of North America ! My name is Joe, and I am Canadian ! » <www.videoclipstream.com/akamai/therant/rant.html.>

95. Par exemple, on prévoit qu'un certain nombre d'équipes anglo-canadiennes de la LNH imiteront bientôt les Jets de Winnipeg, qui, avec leur siège social, ont plié bagages pour se rendre chez nos voisins du sud. Selon moi, il nous faudra tôt ou tard finir par comprendre qu'en raison des moyens financiers largement supérieurs dont disposent les Américains, la coupe Stanley deviendra pour de bon hors de portée des équipes cana-diennes. Ce qu'il faut, selon moi, c'est se préparer à abandonner le reste de nos équipes de la LNH pour établir une nouvelle ligue de hockey cana-dienne professionnelle et publique. De cette façon, nous empêcherons à jamais le jeu de se laisser de nouveau corrompre par le pouvoir de l'ar-gent (ce qui est le sort, il faut le dire, de la plupart des ligues sportives professionnelles évoluant en Amérique du Nord — comment s'en éton-ner : il s'agit de monopoles appartenant à des intérêts privés), et des villes comme Halifax et Hamilton pourront enfin se doter de leur propre équipe et participer pleinement à la pratique professionnelle du hockey, qui constitue l'un des principaux loisirs culturels de notre pays.

96. Ou ne pas être. Katherine Monk, par exemple, vante les mérites de «The Rant», car cette publicité contribue selon elle à nous définir à partir de ce que nous ne sommes pas. Voir Monk, *Weird Sex and Snow Shoes: And Other Canadian Film Phenomena*, p. 89-91. Mais selon moi, «The Rant» ne remplit même pas cette fonction, par ailleurs dérisoire.

97. Taylor, «Des obstacles sur la route du Canada», dans *Rapprocher les solitudes*, p. 224.

98. Voir David E. Smith, *The Republican Option in Canada, Past and Present*.

99. Voir Nick Loenen, *Citizenship and Democracy: A Case for Proportional Representation*.

100. Voir Peter W. Hogg, «Responsible Government».

101. Franks, *The Parliament of Canada*, p. 157.

102. *Ibid.*, p. 14.

103. *Ibid.*, p. 14-15.

104. *Ibid.*, p. 47.

105. *Ibid.*, p. 222.

106. *Ibid.*, p. 226.

107. *Ibid.*, p. 47.

108. J'élabore davantage sur cette distinction dans mon article «Opponents vs. Adversaries in Plato's *Phaedo*».

109. Voir Smith, *The Republican Option in Canada, Past and Present*, p. 57.

110. Notons que deux des trois nouvelles assemblées de Grande-Bretagne, celle d'Écosse et celle du pays de Galles (mais pas celle d'Irlande du Nord, ce qui est probablement significatif), comportent des chambres en forme de fer à cheval qui, selon les termes d'un observateur, ont été «conçues pour favoriser la collaboration, et éviter les débats agressifs et sanglants». Lesley Abdela, «Women on Top — Wales and Scotland Lead the Way».

111. Cité dans Franks, *The Parliament of Canada*, p. 144. Franks lui-même abonde dans ce sens. Voir *ibid.*, p. 158.

112. Cité dans *ibid.*, p. 144.

113. Ce qui ne veut pas dire qu'il faille être d'accord avec la surenchère médiatique dont la période de question fait l'objet (voir *ibid.*, p. 158-160). Bien au contraire. Mais la pertinence ou non de la guérir de sa dépendance à l'affrontement est une question d'éthique journalistique qui dépasse le cadre de la présente discussion. Deborah Tannen porte à tout le moins le problème à notre attention dans *The Argument Culture*, chapitre 3.

114. Qui, même de l'avis de Frank, comportent à la base de graves lacunes. Voir *The Parliament of Canada*, p. 147, 157, ainsi que «The Problem of Debate in the House of Commons».

115. Voir Richard Simeon, *Federal-Provincial Diplomacy: The Making of Recent Policy in Canada*.

116. Voir Cameron et Simeon, «Intergovernmental Relations and Democracy: An Oxymoron if There Ever Was One?».

Conclusion
Diviser pour écouter

Holà, holà! seigneur mon maître, vous vous en êtes joliment tiré. Est-ce que vous pensiez que tous les braves sont des danseurs, et tous les chevaliers errants des faiseurs d'entrechats? Pardieu! si vous l'avez pensé, vous étiez bien dans l'erreur.

Sancho Panza à son maître, Don Quichotte[1]

Certains trouveront sans doute contradictoire ma conception de la politique canadienne. D'une part, j'affirme qu'au cœur de la communauté politique canadienne se trouve un bien commun civique, dont la survie dépend de la volonté des citoyens de concilier leurs divergences par la conversation et d'aborder leurs désaccords en tant qu'opposants plutôt qu'adversaires, comme des amis plutôt que des ennemis. Toutefois, d'autre part, je déplore que les Canadiens aient, de façon générale, opté pour des approches de la politique qui vont en quelque sorte à l'encontre de ce principe. En effet, comment peut-on affirmer l'existence d'une sorte d'amitié entre citoyens quand eux-mêmes semblent en être inconscients et agissent exactement comme si cette amitié n'existait pas?

Je répondrai que ces réalités devraient être interprétées non comme une contradiction, mais comme le signe d'une certaine circularité. La question est de savoir si nous, Canadiens, choisirons d'en faire un cercle vicieux ou un cercle vertueux. En d'autres mots : la survie de notre communauté civique ne se détermine pas en termes de « tout ou rien ». Il est vrai que si on se fie à l'état actuel des choses, cette communauté se porte très mal, et que les traitements habituellement administrés, qu'ils soient à teneur monarchiste ou polyarchiste, n'ont fait qu'aggraver l'état du patient. Mais le bien commun canadien n'a pas encore totalement rendu l'âme, car il manifeste çà et là, étonnamment, quelques signes de vie. Qu'un si grand nombre de Québécois aient voté contre la souveraineté, que de si nombreux autochtones continuent à renoncer à la violence, que Lucien Bouchard, lors de son hospitalisation, ait reçu de la part de milliers de citoyens anglophones des souhaits de prompt rétablissement, voilà autant de raisons de continuer à espérer.

J'ai choisi d'exprimer cet espoir en lançant un appel, ou mieux encore, en faisant un plaidoyer en faveur de la conversation. Et ce plaidoyer est assorti de suggestions sur la façon de réformer certaines de nos institutions dans le but de favoriser et non décourager cette forme de dialogue. En bout de ligne, cependant, ces suggestions sont quelque peu prématurées. Car si nous, Canadiens, avions déjà pris conscience que la conversation mérite une place dans notre vie politique, il serait logique de nous pencher sur la structure de nos institutions. Mais en raison des nombreuses voix monarchistes et polyarchistes qui se font entendre parmi nous, la plupart d'entre nous ne croyons pas que la conversation puisse jouer un rôle viable, ou ne concevons pas suffisamment clairement cette possibilité. Par conséquent, à mon sens, notre principal obstacle à l'heure actuelle est un mélange d'ignorance et de manque de volonté, ce qui explique pourquoi j'ai choisi d'insister avant tout, dans le présent ouvrage, sur des questions et des idées au lieu d'aborder en profondeur les réformes structurelles qui pourraient nous inciter à faire de la politique de façon plus patriotique. Mon objectif principal était de montrer, premièrement, que la conception qu'a le patriote de notre pays, tant en ce qui a trait au passé qu'au présent, est beaucoup plus cohérente que celle des autres courants, et deuxièmement, que la conversation patriotique pourrait vraiment nous garantir un meilleur avenir. Évidemment, certains ne manqueront pas de trouver cette prétention irrémédiablement naïve, et empreinte d'un idéalisme typique des philosophes. Comme je ne vois personnellement pas d'autre façon de procéder, je n'ai qu'une chose à dire à ceux-là : « Eh bien soit ! »

Cependant, j'ai toujours été conscient de l'extrême fragilité du mode de dialogue que je recommande. Si une personne n'est pas prête à écouter ou est incapable de le faire, alors quels que soient les efforts qu'on y met, toute conversation avec elle sera impossible. L'adversaire, semble-t-il, possède pratiquement un droit de veto sur l'opposant, rapport qui s'apparente à celui qui prévaut entre l'individu optant pour la négociation et celui choisissant le recours à la force. Car si on souhaite négocier avec une personne résolue à employer la force, la négociation ne pourra tout simplement pas avoir lieu ; on sera même probablement également obligé d'utiliser la force, ne serait-ce que pour se défendre.

Mais peut-être pas. Après tout, il existe un moyen de défense bien connu qui constitue une solution de rechange à la force : la « méthode de résistance non violente ». Comme l'a montré l'historienne Gerda Lerner, cette approche a ses origines dans la notion chrétienne de « non-résistance au mal », qui s'inspire du fameux précepte du Nouveau Testament, suivant lequel nous devons « tendre l'autre joue » (Matthieu, 5, 39). Cette idée a ensuite été importée aux États-Unis par les Quakers, dont les souffrances endurées dans le but d'obtenir que leur religion soit tolérée (et bien davantage) ont plus tard inspiré ceux qui ont milité pour l'abolition de l'esclavage. C'est ainsi que l'abolitionniste Thoreau a formulé le concept de résistance non violente active, également cher à Léon Tolstoï. Et comme chacun sait, ce sont Ghandi et Martin Luther King, Jr. qui l'ont mis en pratique et en ont prouvé l'efficacité[2].

La résistance non violente, faut-il le rappeler, consiste en un usage *actif* de la non-violence : en endurant des mauvais traitements, le résistant est censé exercer une pression morale qui incite ses adversaires à renoncer à l'usage de la force. Pour que cela se produise, le résistant se fie au sens moral de l'adversaire, comme il ressort clairement des propos de Ghandi sur le rôle central que joue un type particulier d'amour, l'*ahimsa*, qui aurait pour effet de désarmer l'utilisateur de la violence. Cela rappelle les idées de Rousseau sur la *pitié* fondamentale, sentiment qui, selon lui, s'éveille en chacun de nous lorsque nous sommes en présence de la souffrance d'autrui[3].

Mais la résistance non violente, comme ses tenants ne le savent que trop, est une entreprise extrêmement difficile, qui exige non seulement une bonne dose de courage, mais aussi une volonté de faire des sacrifices parfois inimaginables. Toute personne désirant utiliser une approche semblable afin d'encourager ses concitoyens à passer de la négociation à la conversation — et non de la force à la négociation — doit garder cette vérité à l'esprit. J'aimerais suggérer une façon de procéder. Le principe est le suivant : en présence d'adversaires, lors d'une négociation, le patriote doit se borner, pour toute réponse, à exprimer clairement son désir d'en arriver à un réel rapprochement. S'il s'ensuit d'autres exigences à négocier, le patriote doit montrer sa volonté d'écouter, et intervenir avec tact pour permettre aux autres de bien le comprendre. Contrairement à ce qui est censé se produire dans le cas de la résistance non violente à la force, cette « résistance non adversative à la négociation », comme nous pourrions l'appeler, ne vise pas à faire appel à un sens moral profondément enfoui chez l'opposant. En effet, celui-ci, vu sa volonté de négocier, fait déjà preuve de tout le sens moral nécessaire : nous pouvons lui faire confiance, ce qui veut dire que nous comptons d'emblée sur sa bonne foi. Notre but, toutefois, est d'aller encore plus loin — en fait plus haut —, et nous devons, pour ce faire, tenter de faire comprendre à l'in-

terlocuteur que la *pleine réalisation* de sa moralité ne dépend pas
de sa volonté de faire des compromis sur des choses qui lui tiennent profondément à cœur, mais qu'il lui faut plutôt, pour y
arriver, se joindre à nous dans la quête d'une justice constituant
l'expression de la vérité. Ce processus ne nécessite d'éprouver
aucune forme d'amour ou d'altruisme, mais seulement d'avoir
la volonté de solliciter pleinement l'une des facultés qui définit
notre humanité même : notre capacité de comprendre.

Bien entendu, comme c'est le cas pour la résistance non violente à la force, il n'existe aucune garantie de réussite. Mais
étant donné le caractère relativement pacifique de notre histoire, il me semble que nous, Canadiens, pouvons nous payer
le luxe d'opter au moins de temps en temps pour la conversation, et avons même la *responsabilité* de le faire. Car si on ne peut
pas montrer qu'une approche politique patriotique fonctionne
ici, où le pourra-t-on ?

Non que cela n'ait jamais été accompli par le passé. Il existe
une étonnante période de notre histoire qui, à mon avis, a non
seulement culminé en un réel rapprochement des parties en
présence par la conversation, mais a également marqué la naissance de notre pays en tant que communauté politique réelle. Je
fais référence à l'avènement, à la fin des années 1830 et au cours
des années 1840, du gouvernement responsable au Canada[4].
Cet événement occupe une place importante dans nos livres
d'histoire, mais j'aimerais en raconter le déroulement à nouveau, de façon à en faire ressortir l'aspect patriotique. Je commencerai par nommer les biens en jeu dans le conflit initial et je
montrerai ensuite comment ils ont été transformés et donc réin-
terprétés de façon à pouvoir faire l'objet d'une conciliation plutôt que d'un compromis, et en quoi le résultat obtenu constituait
une meilleure expression de ces biens qu'au début du conflit.

La division dont il sera question ici a d'abord mené aux sou-
lèvements de 1837. De toute évidence, les parties en présence
avaient choisi non seulement de ne pas converser entre elles,

mais aussi d'exclure toute négociation, ce qui laissait comme seule option l'usage de la force. Qui étaient les protagonistes et quelles étaient leur positions ? D'un côté se trouvaient les patriotes du Bas-Canada, dirigés par Louis-Joseph Papineau, et les partisans de William Lyon Mackenzie, dans le Haut-Canada. Leur principale aspiration était d'instaurer au Canada un système républicain à l'américaine, ce qui voulait dire remplacer l'oligarchie sous laquelle ils vivaient par une démocratie. Dans le Bas-Canada, cette aspiration s'accompagnait de l'affirmation d'un nationalisme canadien-français moderne suivant lequel l'autodétermination de la nation exigeait qu'elle se dissocie de l'Église. Ce groupe était également très préoccupé par le bien-être de la population, dont il attribuait la pauvreté et l'indigence à la domination oppressive des oligarchies mercantilistes, soit la « Clique du château » du Bas-Canada et le « Pacte de famille » du Haut-Canada. Ainsi, au nom de la démocratie, de l'autodétermination nationale et de la justice économique, ils se sont rebellés.

Leurs opposants voyaient les choses très différemment, bien entendu. Les « loyaux sujets du roi », comme ils se désignaient parfois eux-mêmes, se divisaient en deux groupes distincts. D'une part, on trouvait les mercantilistes loyalistes, véritable oligarchie qui usait de son pouvoir afin de servir ses propres intérêts économiques. D'autre part, il y avait les divers gouverneurs des colonies, de Lord Gosford à Sir John Colberne et Sir Francis Bond et, plus tard, Lord Sydenham qui, tous, avaient un autre but, soit le maintien de la mainmise britannique sur les colonies, ce qui, bien sûr, plaçait souvent leurs intérêts en conflit avec ceux des mercantilistes. Mais face aux rébellions, ces deux groupes ont fait cause commune.

Ce n'est qu'au lendemain des rébellions que la conversation a véritablement commencé. Les démocrates étaient dorénavant dirigés par les réformateurs Robert Baldwin, de Toronto, Joseph Howe de la Nouvelle-Écosse ainsi que les Canadiens français

Étienne Parent et Louis-Hyppolite Lafontaine (Lafontaine avait passé une courte période en prison, puis s'était dissocié de Papineau). Selon eux, le gouvernement responsable était le meilleur moyen d'atteindre leurs objectifs, contrairement aux anciens leaders, pour qui la guerre apparaissait comme la seule option. Du côté des Canadiens français, Parent avait élaboré une position qu'il avait clairement exprimée dans son journal *Le Canadien* sous le slogan « Nos institutions, notre langue, nos droits », suivant laquelle un système parlementaire constituait en bout de ligne une meilleure protection qu'un système républicain pour ceux qui se préoccupaient de la survivance de leur nation. À cela s'ajoutait l'argument de Lafontaine, qui soutenait que comme le catholicisme était là pour rester (chose que Papineau n'avait jamais été capable d'accepter), la nation serait mieux servie par une alliance avec l'Église que par une rupture avec celle-ci. Tous deux étaient d'accord avec les réformateurs du Haut-Canada pour dire qu'un cabinet responsable devant la législature constituerait une forme réelle de démocratie représentative qui donnerait au peuple le pouvoir de mettre fin à son oppression économique. En effet, par la suite, lors de l'avènement du gouvernement responsable, ils ont réussi à faire adopter le controversé Bill des pertes de la rébellion de 1849, qui prévoyait l'indemnisation de toutes les personnes, quelle que fût leur allégeance, dont les propriétés avaient été détruites lors des rébellions. De plus, Lafontaine était dorénavant en bonne position de donner suite à un projet qui lui importait au plus haut point : permettre aux politiciens coloniaux de récompenser leurs partisans, dont un grand nombre avaient accumulé un fort sentiment de frustration, en leur accordant des nominations, des commissions et des salaires. Si les classes inférieures étaient toujours exclues, cette disposition n'en a pas moins permis de corriger certaines des injustices économiques héritées du passé oligarchique. Notons également que Lafontaine a ainsi préparé le terrain pour que George-Étienne

Cartier modernise le Code civil, mettant fin du même coup à l'injuste système seigneurial.

Mais qu'en était-il des loyaux sujets du Roi ? Comment en sont-ils venus à croire que le gouvernement responsable serait mieux en mesure de servir leurs intérêts — moraux et matériaux — que le *statu quo* ? Pour ce qui est des représentants du gouvernement britannique, de Lord Durham aux nouveaux gouverneurs John Harvey en Nouvelle-Écosse et Lord Elgin dans le Canada nouvellement unifié, ils ont commencé à changer d'avis à mesure qu'ils ont pris conscience de la divergence d'intérêts entre la Grande-Bretagne et les mercantilistes des colonies. D'une part, l'idée de Lafontaine d'accorder certaines faveurs à la bourgeoisie, qui leur paraissait un outil efficace pour prévenir d'autres rébellions, nécessitait pour se concrétiser des politiciens dotés des pouvoirs que pouvait leur conférer un gouvernement responsable. D'autre part, ils ont peu a peu compris qu'en raison de la courte durée de leur mandat, soit de cinq à sept ans, chaque fois que les intérêts de la Grande-Bretagne divergeaient de ceux des mercantilistes, ces derniers, qui détenaient une solide position au sein des conseils exécutifs de la colonie, arrivaient toujours en bout de ligne à obtenir ce qu'ils voulaient — au détriment de la Grande-Bretagne. Seul un gouvernement responsable, comprirent-ils, pourrait leur donner la possibilité de mettre les mercantilistes périodiquement hors d'état de nuire.

Lord Durham avait d'autres idées. Il est devenu convaincu qu'en établissant une distinction entre les pouvoirs qui étaient essentiels au système colonial (contrôle sur les affaires étrangères, sur les terres de la Couronne, etc.) et ceux qui ne l'étaient pas et pouvaient donc relever des autorités locales, et donc en réduisant la présence britannique dans l'administration de la colonie, la situation ne pourrait que s'améliorer. (L'esprit de cette approche allait, beaucoup plus tard, sous-tendre les décisions du Comité judiciaire du Conseil privé de Westminster.)

Quoi qu'il en soit, croyait Durham, étant donné que le gouvernement responsable existait déjà en Grande-Bretagne depuis les années 1830, le fait d'adopter un système « similaire en principe » ne contribuerait-il pas à consolider les liens entre la mère patrie et la colonie ?

Une diminution de la présence britannique s'est également avérée avantageuse à un autre égard. Les colonies étaient devenues très coûteuses à entretenir pour la Grande-Bretagne. En 1846, le nouveau gouvernement tory de Peel, à Londres, a abrogé les lois sur les céréales, ce qui a constitué un pas décisif vers l'instauration du libre-échange en Grande-Bretagne. Cette démarche a ensuite été menée à son terme par les whigs, relativement anti-impérialistes, lorsqu'ils ont succédé à Peel. Comme ils l'ont alors clairement fait savoir à Lord Elgin, ils considéraient qu'il était dans l'intérêt de la Grande-Bretagne non seulement de retirer certains des avantages économiques accordés jusque-là aux colonies, mais également de retirer sa protection militaire. Il va sans dire que dans ces conditions, toute objection à l'instauration d'un gouvernement responsable devenait injustifiable.

Cette évolution vers le libre-échange a eu un impact important sur l'économie, qui, comme nous l'avons mentionné, préoccupait au premier chef les mercantilistes. Car à quoi la montée du libre-échange pouvait-elle mener à part la chute du mercantilisme ? Cette menace, à laquelle s'ajoutait celles que représentaient, pour l'activité maritime de Montréal, l'abolition des tarifs douaniers américains et la popularité croissante du canal Érié, a forcé les mercantilistes à se rendre à l'évidence : s'ils voulaient protéger leurs portefeuilles, ils allaient tout simplement devoir changer, c'est-à-dire devenir capitalistes. Ainsi, pour toutes les raisons que Karl Marx allait plus tard mettre en lumière, la démocratie, et donc le gouvernement responsable, était le système politique le plus compatible avec le capitalisme. Mais le changement n'est pas survenu sans de sérieuses réticences. Pensons à la décision des Montréalais anglophones, en 1849, d'incendier les édifices du Parlement, qui abritaient le gouvernement réformiste, puis de signer un manifeste exigeant que les colonies britanniques soient annexées aux États-Unis. Mais leurs instincts capitalistes n'ont pas tardé à reprendre le dessus, et ils ont fini par appuyer le traité de réciprocité que Lord Elgin a négocié avec les Américains en 1854. C'est ainsi que la dernière des parties au conflit s'est convertie au gouvernement responsable, lequel, elle l'avait compris, servirait mieux ses intérêts qu'une oligarchie à la solde de l'Empire britannique.

Il existe, comme on pourrait s'y attendre, d'autres lectures beaucoup moins optimistes de ces événements. Je ne veux certainement pas dire ici que les protagonistes ont changé d'avis par simple désir de réconciliation. D'abord, comme je l'ai dit, la situation elle-même avait évolué de façon à rendre les positions antérieures obsolètes pour des raisons purement instrumentales. Il ne faut pas non plus oublier que, durant tout ce processus, de graves injustices ont été commises, dont l'instauration de l'Acte d'union de 1840 entre le Haut et le Bas-Canada, qui visait essentiellement l'assimilation des Canadiens français, n'est pas le moindre. Mais il n'en reste pas moins que de nouvelles interprétations des biens réels *ont* bel et bien vu le jour en cours de route, et peu d'observateurs, s'il en est, n'oseront affirmer que le résultat final — le remplacement de l'oligarchie par le gouvernement responsable — n'a pas été un aboutissement positif. Il représentait un progrès réel, un progrès ayant pour moteur un groupe d'individus qui sont arrivés à concilier des biens au départ contradictoires qui ne semblaient mener qu'à l'usage de la force.

On peut tirer une importante leçon à partir de la diversité de points de vue et même des divergences qui caractérisaient les deux parties à cette saga. C'est qu'il est essentiel, pour faire en sorte qu'une conversation soit fructueuse en politique, d'être capable de faire la distinction entre les opposants qui sont au moins disposés à écouter et ceux qui ne le sont pas du tout. Les membres de ce dernier groupe doivent être vus comme des adversaires, avec qui toute conciliation est entièrement impossible. Il faut ensuite faire une division supplémentaire dans ce groupe entre les adversaires ouverts, ceux qui considèrent comme légitime le droit des autres au désaccord et qui sont par conséquent capables de négocier en toute bonne foi, et les adversaires inflexibles, qui n'accepteront de faire des concessions que s'ils y voient une façon d'arriver à leurs fins ou de nuire le moins possible à leurs objectifs, parmi lesquels le respect de l'autre, inutile de le dire, brille par son absence. Ces personnes, disons-le, ne négocient jamais en toute bonne foi ; elles ont tout simplement recours à la force par d'autres moyens. Il ne faut par conséquent jamais s'étonner de les voir faire un usage plus cru de cette dernière s'ils jugent que cela leur permettra d'obtenir davantage. N'oublions pas non plus que les accommodements auxquels on en arrivera avec eux seront encore moins durables que ceux qui sont issus d'une négociation en toute bonne foi ; mais ces derniers, à leur tour, doivent être considérés comme fragiles comparativement aux ententes rendues possibles par la conversation. C'est pourquoi il faut toujours se méfier des tactiques, des sarcasmes et des tentatives de séduction de ces adversaires, qui n'hésiteront pas à faire tout ce qui est en leur pouvoir pour saboter toute tentative de conversation entreprise par les personnes qui sont plus ouvertes aux rapprochements réels. Mais fort heureusement, de celles-ci, il y en aura (presque) toujours.

Mais au bout du compte, peut-être devrions-nous admettre que l'appel à la conversation en politique trahit une certaine naïveté. Après tout, même les mouvements prônant la résistance non violente ont dû amplement s'appuyer, pour atteindre leurs buts, sur des leaders charismatiques. Se pourrait-il, par conséquent, que nous ayons besoin de solutions créatives plutôt qu'interprétatives à la délicate situation dans laquelle nous

nous trouvons ? Ainsi, les Tragically Hip auraient-ils raison lorsqu'ils chantent « our only chance is to stop making sense[5] » (notre seule chance est de cesser d'être logiques) ? La conversation est-elle un moyen tout simplement trop raisonnable d'aborder ce qui, après tout, constitue un désaccord fondamental ? En écoutant *Bobcageon*[6], chanson profondément envoûtante portant sur un policier qui doute de la pertinence de sa profession après avoir reçu une inspiration du ciel, on se demande si cette façon de faire permettra jamais d'arriver à inciter les monarchistes qui évoluent parmi nous à ouvrir leur garnison, ou les polyarchistes à se mettre à rechercher les rapprochements. Je dois admettre que je ne connais tout simplement pas la réponse à cette question. Mais je ne crois pas non plus qu'il faille attendre et laisser faire. C'est pourquoi, si nous devons jamais un jour « danser la politique » dans ce pays, certains d'entre nous allons devoir être prêts à lancer des invitations répétées à des partenaires potentiels. Il faudra bien sûr s'attendre à essuyer quelques refus. Mais si nous persévérons, certains pourraient finir par accepter. Et comme le savent sans doute celles et ceux qui ont déjà été danser, il suffit qu'un seul couple s'élance sur la piste pour que les autres emboîtent le pas. Nous pourrons alors vraiment nous mettre à danser tous ensemble, et prendre le chemin du foyer auquel nous aspirons.

NOTES

1. Tiré de Cervantes, *L'ingénieux Hidalgo Don Quichotte de la Manche*, p. 450.
2. Voir Lerner, « Non-Violent Resistance : The History of an Idea ». Les classiques à lire à ce sujet sont les suivants : Thoreau, *La désobéissance civile*, Tolstoï, *The Kingdom of God and Peace Essays*, Ghandi, *Résistance non violente*, et King, Jr., *Combats pour la liberté*, chapitre 6, et *Why we Can't Wait*, chapitre 5 surtout.
3. Voir Rousseau, *Discours sur l'origine de l'inégalité parmi les hommes*.
4. Pour un exemple plus récent de conciliation, voir Chambers, *Reasonable Democracy : Jürgen Habermas and the Politics of Discourse*, chapitre 14, où elle décrit l'entente à laquelle en sont arrivées les communautés (que l'on identifie comme) canadienne-anglaise et québécoise résidant au Québec

sur la question de la loi sur l'affichage dans les années 1980 et 1990. Chambers considère cette entente comme un exemple type de démocratie délibérative, mais je ferais remarquer ici que peu de participants à ce débat, s'il en est, avaient même *entendu* parler des procédures décrites par Habermas ou de toute théorie du genre, et pouvaient d'autant moins s'y conformer.

5. The Tragically Hip, « Save the Planet », tiré de *Phantom Power*.
6. Voir *ibid*.

Bibliographie

ABDELA, LESLEY. « Women on Top — Wales and Scotland Lead the Way »,
    iVillage/UK, www.ivillage.co.uk/newspol/newspolfeatures/regnewreview/
    articles/0,10233,164565_164988,00.html.
ACKERMAN, BRUCE A. Au nom du peuple : les fondements de la démocratie améri-
    caine, Paris, Calmann-Lévy, 1998.
AJZENSTAT, JANET, PAUL ROWNEY, IAN GENTLES et WILLIAM D. GAIRDNER
    (dir.). Débats sur la fondation du Canada, Québec, Les Presses de l'Université
    Laval, 2004.
AJZENSTAT, JANET et PETER J. SMITH (dir.). Canada's Origins : Liberal, Tory, or
    Republican ?, Ottawa, Carleton University Press, 1995.
ANDERSON, BENEDICT. L'imaginaire national : réflexions sur l'origine et l'essor du
    nationalisme, Paris, Éditions La découverte, 1996.
ANGUS, IAN. A Border Within : National Identity, Cultural Plurality, and Wilderness.
    Montreal et Kingston, McGill-Queen's University Press, 1997.
ARENDT, HANNAH. Condition de l'homme moderne, Paris, Calmann-Lévy, 1983.
—— « Civil Disobedience », dans Hannah Arendt, Crises of the Republic.
—— Crises of the Republic, New York, Harcourt Brace Jovanovich, 1972.
ARISTOTE. Éthique à Nicomaque (livres VIII et IX sur l'amitié), Paris, Hatier, 1983.
—— Les politiques, Paris, Flammarion, 1990.
ATWOOD, MARGARET. Essai sur la littérature canadienne, Montréal, Boréal, 1987.
—— Strange Things : The Malevolent North in Canadian Literature, Oxford, Oxford
    University Press, 1995.
BACHRACH, PETER. The Theory of Democratic Elitism : A Critique, Boston, Little
    Brown, 1967.
BAINBRIDGE, BERYL. Forever England : North and South, Londres, Duckworth,
    1987.
BAKVIS, HERMAN et GRACE SKOGSTAD (dir.). Canadian Federalism in the
    Millenium : Performance, Legitimacy, Effectiveness, Toronto, Oxford University
    Press. À paraître.
BALTHAZAR, LOUIS. « The Dynamics of Multi-Ethnicity in French-Speaking
    Quebec : Towards a New Citizenship », dans Ethnicity and Citizenship : The
    Canadian Case, sous la dir. de JEAN LAPONCE et WILLIAM SAFRAN.

BASHEVKIN, SYLVIA. *True Patriot Love : The Politics of Canadian Nationalism*, Toronto, Oxford University Press, 1991.

BEINER, RONALD et WAYNE NORMAN (dir.). *Canadian Political Philosophy : Contemporary Reflections*, Toronto, Oxford University Press, 2001.

BELLAH, ROBERT N. *The Broken Covenant : American Civil Religion in Time of Trial*, 2ᵉ édition, Chicago, University of Chicago Press, 1992.

BERCUSON, DAVID JAY et BARRY COOPER. *Deconfederation : Canada without Quebec*, Toronto, Key Porter, 1991.

BERLIN, ISAIAH. *Éloge de la liberté*, Paris, Calmann-Lévy, 1988.

—— *Concepts and Categories : Philosophical Essays*, sous la dir. de Henry Hardy, Oxford, Oxford University Press, 1980.

—— « La branche ployée (sur la montée du nationalisme) », dans *Le bois tordu de l'humanité : romantisme, nationalisme et totalitarisme*, édité par Henry Hardy, Paris, Albin Michel, 1992.

BERTON, PIERRE. *The Mysterious North*, Toronto, McClelland and Stewart, 1956.

BLATTBERG, CHARLES. *From Pluralist to Patriotic Politics : Putting Practice First*, Oxford, Oxford University Press, 2000.

—— « Political Philosophies and Political Ideologies », *Public Affairs Quarterly* 15, nᵒ 3, juillet 2001, p. 193-217.

—— « L'hébreu en Israël : des leçons pour le français au Québec ? », *Argument* 5, nᵒ 1, automne 2002-hiver 2003, p. 3-14.

—— « Patriotic, not Deliberative, Democracy », *Critical Review of International Social and Political Philosophy* 6, nᵒ 1, printemps 2003, p. 155-174.

—— « Opponents vs. Adversaries in Plato's Phaedo ». À paraître.

—— « The Importance of Language in the Life of Nations ». À paraître.

—— « What's Wrong with Hypergoods ». À paraître.

BODANIS, DAVID. *Web of Words : The Ideas behind Politics*, Londres, Macmillan Press, 1988.

BOOTHE, PAUL, et autres. *Closing the Books : Dividing Federal Assets and Debt if Canada Breaks Up*, Toronto, C.D. Howe Institute, 1991.

BOUCHARD, LUCIEN. *À Visage découvert*, Montréal, Boréal, 1992.

BRUBAKER, WILLIAM ROGERS. *Citoyenneté et nationalité en France et en Allemagne*, Paris, Belin, 1997.

BRUCE, STEVE. « Protestantism and Politics in Scotland and Ulster », dans *Prophetic Religions and Politics : Religion and the Political Order*, sous la dir. de JEFFREY K. HADDEN et ANSON SHUPE.

BRYM, ROBERT J. « The Canadian Capitalist Class, 1965-1985 », dans *The Structure of the Canadian Capitalist Class*, sous la dir. de Robert J. Brym.

—— BRYM, ROBERT J. (dir.). *The Structure of the Canadian Capitalist Class*, Toronto, Garamond Press,1985.

CAIRNS, ALAN C. *Charter versus Federalism : The Dilemmas of Constitutional Reform*, Montréal et Kingston, McGill-Queen's University Press, 1992.

—— *Citizens Plus : Aboriginal Peoples and the Canadian State*, Vancouver, University of British Columbia Press, 2000.

CAMERON, DAVID et RICHARD SIMEON. « Intergovernmental Relations and Democracy : An Oxymoron If There Ever Was One ? », dans *Canadian Federalism : Performance, Effectiveness and Legitimacy*, sous la dir. de HERMAN BAKVIS et GRACE SKOGSTAD.

CANADA, *Rapport de la Commission royale sur les peuples autochtones*, vol. 3, *Vers un ressourcement*, Ottawa, ministère des Approvisionnements et des Services, 1996.

—— *À l'aube d'un rapprochement : points saillants du rapport de la Commission royale sur les peuples autochtones*, http://www.ainc.-inac.gc.ca/ch/rcap/rpt/index_f.html.

CARENS, JOSEPH H. « Dimensions of Citizenship and National Identity in Canada », *Philisophical Forum 28*, nos 1-2, automne-hiver 1996-1997, p. 111-124.

—— *Culture, Citizenship, and Community : A Contextual Exploration of Justice as Evenhandedness*, Oxford, Oxford University Press, 2000.

CARSON, NEIL. *Harlequin in Hogtown : George Luscombe and Toronto Workshop Productions*, Toronto, University of Toronto Press, 1995.

CAYLEY, DAVID. *The Expanding Prison : The Crisis in Crime and Punishment and the Search for Alternatives*, Toronto, Anansi, 1998.

CERVANTES, MIGUEL DE. *L'ingénieux Hidalgo Don Quichotte de la Manche*, trad. de LOUIS VIARDOT, Paris, Librairie Garnier Frères, 1941.

CHALK CIRCLE. « Sons and Daughters », tirée de *As the Crow Flies*, Toronto, Duke Street Records, 1989.

CHAMBERS, SIMONE. *Reasonable Democracy : Jürgen Habermas and the Politics of Discourse*, Ithaca, NY, Cornell University Press, 1996.

—— « Contract or Conversation : Theoretical Lessons from the Canadian Constitutional Crises », *Politics and Society 26*, no 1, mars 1998, p. 143-172.

CHRISTIAN, WILLIAM et COLIN CAMPBELL. *Political Parties and Ideologies in Canada*, 3e éd., Toronto, McGraw-Hill Ryerson, 1990.

CLARKSON, STEPHEN et CHRISTINA MCCALL. *Trudeau — vol. 1 : L'homme, l'utopie, l'histoire*, Montréal, Boréal, 1990-1995.

COHEN, LEONARD. *Les perdants magnifiques*, Paris, C. Bourgeois, 1972.

COHN, HAIM H. « The Penology of the Talmud », *Israel Law Review 5*, no 1, janvier 1970, p. 53-74.

COOK, RAMSAY. *Canada, Québec and the Uses of Nationalism*, 2e éd., Toronto, McClelland and Stewart, 1995.

COONE COME, MATTHEW. « Remarks to the Canada Seminar », Harvard Center for International Affairs and Kennedy School of Government, Harvard University, Cambridge, MA, 28 octobre 1996. http://www.nativeweb.org/pages/legal/coon_come.html.

COMITÉ MIXTE SPÉCIAL DU SÉNAT ET DE LA CHAMBRE DES COMMUNES. *L'entente constitutionnelle de 1987*, Ottawa, Imprimeur de la Reine pour le Canada, 1987.

COOPER, BARRY. « Western Political Consciousness », dans Stephen Brooks (dir.), *Political Thought in Canada : Contemporary Perspectives*, Toronto, Irwin Publishing, 1984.

CÔTÉ, LOUISE, LOUIS TARDIVEL et DENIS VAUGEOIS. *L'Indien généreux : ce que le monde doit aux Amériques*, Montréal, Boréal, 1992.

COURTNEY, JOHN C. (dir.). *The Canadian House of Commons : Essays in Honour of Norman Ward*, Calgary, University of Calgary Press, 1985.

CREIGHTON, DONALD G. *John A. Macdonald : The Young Politician*, Toronto, Macmillan, 1955.

CRICK, BERNARD (dir.). *National Minorities : The Constitution of the United Kingdom*, Oxford, Blackwell, 1991.

DE GASPÉ, PHILLIPE AUBERT. *Les anciens canadiens*, Montréal, Fides, 1975.

DE ROMILLY, JACQUELINE. *Alcibade : ou les dangers de l'ambition*, Paris, Fallois, 1995.

DE TOCQUEVILLE, ALEXIS. *De la démocratie en Amérique 1*, Paris, Gallimard, 1986.

DICKASON, OLIVE PATRICIA. *Canada's First Nations : A History of Founding Peoples from Earliest Times*, Toronto, McClelland and Stewart, 1992.

DION, STÉPHANE. « Un point tournant dans l'histoire du Canada : l'avis de la Cour suprême sur la sécession unilatérale », notes pour une allocution de l'honorable STÉPHANE DION, président du Conseil privé et ministre des Affaires intergouvernementales, au Centre d'études constitutionnelles, Université de l'Alberta, Edmonton (Alberta), le 24 septembre 1999.

DRACHE, DANIEL et ROBERTO PERIN (dir.). *Negotiating with a Sovereign Quebec*, Toronto, James Lorimer, 1992.

DUFOUR, CHRISTIAN. *Lettre aux souverainistes québécois et aux fédéralistes canadiens qui sont restés fidèles au Québec*, Montréal, Stanké, 2000.

DUMONT, FERNAND. *Genèse de la société québécoise*, Montréal, Boréal, 1993.

DUMONT, MARYLIN. « Not Just a Platform for My Dance », dans Marylin Dumont, *A Really Good Brown Girl*, London, ON, Brick Books, 1996.

DUPRÉ, J. STEFAN. « Canada's Political and Constitutional Future : Reflections on the Bélanger-Campeau Report and Bill 150 », dans *« English Canada » Speaks Out*, sous la dir. de J.L. GRANATSTEIN et KENNETH MCNAUGHT.

DURHAM, LORD JOHN GEORGE LAMBTON. *Le rapport Durham*, Montréal, Éditions Sainte-Marie, 1969.

DURKHEIM, ÉMILE. *De la division du travail social*, Paris, F. Alcan, 1926.

DWORKIN, RONALD. *Une question de principe*, Paris, Presses universitaires de France, 1996.

ELVEE, RICHARD Q. (dir.). *The End of Science ? Attack and Defense*, Lanham, MD, University Press of America, 1992.

ENGEL, MARIAN. *L'ours*, Montréal, Quinze, 1984.

ÉRASME. *L'éloge de la folie*, Paris, J. De Bonnot, 1974.

FISHER, PHILIP. *Still the New World : American Literature in a Culture of Creative Destruction*, Cambridge, MA, Harvard University Press, 1999.

FLANAGAN, TOM. *First Nations ? Second Thoughts*, Montréal et Kingston, McGill-Queen's University Press, 2000.

FLANNERY, TIM. *An Eternal Frontier : An Ecological History of North America and Its Peoples*, New York, NY, Atlantic Monthly Press, 2001.

FONTAINE, PHIL. Allocution d'ouverture lors de la rencontre de la Confédération des nations, décembre 1999. <www.afn.ca/Press%20Realeses%20&%20 Speeches/opening_remarks_by_national_chie.htm>.

FOUCAULT, MICHEL. *Surveiller et punir : naissance de la prison*, Paris, Gallimard, 1975.

FRANK, STEVEN. « Getting Angry over Native Rights », *Time Canada* 55, n° 20, 15 mai 2000.

FRANKS, C.E.S. « The Problem of Debate in the House of Commons », dans *The Canadian House of Commons : Essays in Honour of Norman Ward*, sous la dir. de JOHN C. COURTNEY.

FRASER, ANDREW. *The Spirit of the Laws : Republicanism and the Unfinished Project of Modernity*, Toronto, University of Toronto Press, 1990.

FREEDEN, MICHAEL. *Ideologies and Political Theory : A Conceptual Approach*, Oxford, Oxford University Press, 1996.

FRYE, NORTHROP. «Conclusion to a *Literary History of Canada*», dans NORTHROP FRYE, *The Bush Garden: Essays on the Canadian Imagination*.

—— *The Bush Garden: Essays on the Canadian Imagination*, Toronto, Anansi, 1971.

—— «The Cultural Development of Canada», dans NORTHROP FRYE, *The Modern Century*.

—— *The Modern Century*, Toronto, Oxford University Press, [1967] 1991.

FULFORD, ROBERT. *MaryPickford, Glenn Gould, Anne of Green Gables, and Captain Kirk: Canadians in the World's Imagination*, Jerusalem, Halbert Centre for Canadian Studies, Hebrew University of Jerusalem, 1998.

GAFFIELD, CHAD. «Linearity, Non-linearity and the Competing Constructions of Social Hierarchy in Turn-of-the-Century Canada: The Question of Language in 1901», *Historical Methods* 33, n° 4, automne 2000, p. 255-263.

GANDHI, MOHANDAS KARAMCHAND. *Résistance non violente*, Paris, Buchet-Chastel, 1997.

GELLNER, ERNEST. *Nations et nationalisme*, Paris, Payot, 1989.

GRAHAM, KATHERINE A. et SUSAN D. PHILLIPS. «Citizen Engagement: Beyond the Customer Revolution», *Canadian Public Administration* 40, n° 2, été 1997, p. 255-273.

GRANATSTEIN, J.L. et KENNETH MCNAUGHT (dir.). *«English Canada» Speaks Out*, Toronto, Doubleday Canada, 1991.

GRANT, GEORGE. *Technology and Empire: Perspectives on North America*, Toronto, Anansi, 1969.

—— *Est-ce la fin du Canada? Lamentation sur l'échec du nationalisme canadien*, La Salle, Hurtubise HMH, 1987.

GROVE, FREDERICK PHILIP. *The Master of the Mill*, Toronto, Macmillan, 1944.

GUESS WHO, THE. «American Woman», tirée de *American Woman*, Nimbus 9/RCA Records, 1969.

GUIZOT, FRANÇOIS. *Philosophie politique: de la souveraineté*, publié avec François Guizot, *Histoire de la civilisation en Europe*, édité par PIERRE ROSANVALLON, Paris, Hachette, 1985.

HABERMAS, JÜRGEN. «A Reply to My Critics», dans *Habermas: Critical Debates*, sous la dir. de JOHN B. THOMPSON et DAVID HELD.

—— «Citoyenneté et identité nationale: réflexions sur l'avenir de l'Europe», dans JACQUES LENOBLE et NICOLE DEWANDRE (dir.), *L'Europe au soir du siècle: identité et démocratie*, Paris, Éditions Esprit, 1992.

HACKING, IAN. «Disunited Sciences», dans *The End of Science? Attack and Defense*, sous la dir. de RICHARD Q. ELVEE.

HADDEN, JEFFREY K. et ANSON SHUPE (dir.). *Prophetic Religions and Politics: Religion and the Political Order*, New York, NY, Paragon House, 1986.

HANDLER, RICHARD. *Nationalism and the Politics of Culture in Quebec*, Madison, WI, University of Wisconsin Press, 1988.

HAMPSHIRE, STUART. *Innocence and Experience*, Londres, Allen Lane/Penguin Press, 1989.

—— *Justice is Conflict*, Princeton, Princeton University Press, 2000.

HARTZ, LOUIS. *Histoire de la pensée libérale aux États-Unis*, Paris, Economica, 1990.

HARTMAN, DAVID. *A Living Covenant: The Innovative Spirit in Traditional Judaism*, New York, NY, Macmillan, 1985.

HASTINGS, ADRIAN. *The Construction of Nationhood: Ethnicity, Religion and Nationalism*, Cambridge, Cambridge University Press, 1997.

HEATH, JOSEPH. *La société efficiente : pourquoi fait-il si bon vivre au Canada ?*, Montréal, Presses de l'Université de Montréal, 2002.

HEIDEGGER, MARTIN. *Être et temps*, Paris, Gallimard, 1986.

—— « La chose », dans *Essais et conférences*, Paris, Gallimard, 1958.

HODGINS, BRUCE W. « The Northern Boundary of Quebec : The James Bay Crees as Self-Governing Canadians », dans *« English Canada » Speaks Out*, sous la dir. de J.L. GRANATSTEIN et KENNETH MCNAUGHT, Toronto, Doubleday Canada, 1991.

HOGG, PETER W. « Responsible Government », dans *The Canadian Political Tradition : Basic Readings*, sous la dir. de R.S. BLAIR et J.T. MCLEOD., Toronto, Methuen, 1987.

HUNTER, ROBERT et ROBERT KEZIERE. *Greenpeace*, Paris, Robert Laffont, 1983.

HUNTER, ROBERT et ROBERT CALIHOO. *Occupied Canada : A Young White Man Discovers His Unsuspected Past*, Toronto, McClelland and Stewart, 1991.

IGNATIEFF, MICHAEL. « Le narcissisme de la petite différence », dans *L'honneur du guerrier : guerre ethnique et conscience moderne*, Paris, Éditions La découverte, 2000.

INNIS, HAROLD A. *The Fur Trade In Canada : An Introduction to Canadian Economic History*, Toronto, University of Toronto Press, 1999.

JACOBS, JANE. *The Question of Separatism : Quebec and the Struggle over Sovereignty*, New York, NY, Vintage, 1980.

JACOBY, JEFF. « "The Essence of Greekness", So Far Away From Home », *International Herald Tribune*, 5 avril 1999, p. 7.

JOHANSEN, BRUCE E. *Forgotten Founders : Benjamin Franklin, the Iroquois and the Rationale for the American Revolution*, Ipswich, MA, Gambit, 1982.

JOYCE, JAMES. *Finnegans Wake*, Harmondsworth, Penguin, 1939.

KAFKA, FRANZ. *Le procès*, Paris, Le livre de poche, 2001.

—— « Dans la colonie pénitentiaire », dans *Considération ; Le verdict ; Dans la colonie pénitentiaire ; Un médecin de campagne*, Paris, Flammarion, 1991.

KALBACH, WARREN E. et WAYNE W. MCVEY JR. *The Demographic Basis of Canadian Society*, 2ᵉ éd., Toronto, McGraw-Hill Ryerson, 1979.

KALIN, RUDOLF. « Ethnicity and Citizenship Attitudes in Canada : Analyses of a 1991 National Survey », dans *Ethnicity and Citizenship : The Canadian Case*, sous la dir. de J.A. LAPONCE et WILLIAM SAFRAN.

KANTOROWICZ, ERNST H. *Les deux corps du roi : essai sur la théologie politique au Moyen Âge*, éditions Quarto Gallimard, 2000.

KEATING, MICHAEL. « Canada and Quebec : Two Nationalisms in the Global Age », dans *The Ethnicity Reader : Nationalism, Multiculturalism and Migration*, sous la dir. de MONSERRAT GUIBERNAU et JOHN REX, Cambridge, Polity Press, 1997.

KIM, ANDREW E. « The Absence of Pan-Canadian Civil Religion : Plurality, Duality, and Conflict in Symbols of Canadian Culture », *Sociology of Religion* 54, nᵒ 3, 1993, p. 257-275.

KING, MARTIN LUTHER, JR. *Combats pour la liberté*, Paris, Payot, 1968.

—— *Why we Can't Wait*, New York, NY, Harper and Row, 1964.

KINGWELL, MARK. *A Civil Tongue : Justice, Dialogue, and the Politics of Pluralism*, University Park, PE, Pennsylvania State University Press, 1995.

KYMLICKA, WILL. *La citoyenneté multiculturelle : une théorie libérale du droit des minorités*, Montréal, Boréal, 2001.

—— *La voie canadienne : repenser le multiculturalisme*, Montréal, Boréal, 2002.

LAFLÈCHE, Père LOUIS-FRANÇOIS RICHER. *Quelques considérations sur les rapports de la société civile avec la religion et la famille*, Montréal, Sénécal, 1866.

LAFOREST, GUY. *Trudeau et la fin d'un rêve canadien*, Québec, Septentrion, 1992.

—— « Se placer dans les souliers des autres partenaires dans l'union canadienne », et « Nécessité et conditions du dialogue », dans *Sortir de l'impasse : les voies de la réconciliation*, sous la direction de GUY LAFOREST et ROGER GIBBINS, Montréal, Institut de recherche en politiques publiques, 1998.

LAMONTAGNE, SOPHIE-LAURENCE. *L'hiver dans la culture québécoise (XVIIᵉ-XIXᵉ siècles)*, Québec, Institut québécois de recherche sur la culture, 1983.

LAPONCE, JEAN et WILLIAM SAFRAN (dir). *Ethnicity and Citizenship : The Canadian Case*, Londres, Frank Cass, 1996.

LASELVA, SAMUEL V. *The Moral Foundations of Canadian Federalism : Paradoxes, Achievements, and Tragedies of Nationhood*, Montréal et Kingston, McGill-Queen's University Press, 1996.

LATRAVERSE, PLUME. « Les pauvres », tirée de *Le lour passé de Plume Latraverse*, vol. 1, Montréal, Disques Dragon, 1995.

LELOUP, JEAN. « Le monde est à pleurer », tirée de *Le dôme*, Montréal, Audiogram, 1996.

—— *Les Fourmis*, Montréal, Audiogram, 1998.

LERNER, GERDA. « Non-Violent Resistance : The History of an Idea », dans GERDA LERNER, *Why History Matters : Life and Thought*, New York, NY, Oxford University Press, 1997.

LÉVINAS, EMMANUEL, « La tentation de la tentation », dans EMMANUEL LÉVINAS, *Quatre lectures talmudiques*, Paris, Les éditions de Minuit, 1968.

—— *Totalité et infini : essai sur l'extériorité*, Paris, Martinus Nijhoff, 1971.

LIPSET, SEYMOUR MARTIN. *Continental Divide : The Values and Institutions of the United States and Canada*, Londres, Routledge, 1990.

LOBKOWICZ, NICHOLAS. « On the History of Theory and Praxis », dans *Political Theory and Praxis : New perspectives*, sous la dir. de TERENCE BALL, Minneapolis, MN, University of Minnesota Press, 1977.

LOENEN, NICK. *Citizenship and Democracy : A Case for Proportional Representation*, Toronto, Dundurn Press, 1997.

LOUGHLIN, A.J. *Alienation and Value-Neutrality*, Aldershot, Ashgate, 1998.

MACDONALD, JOHN A. Discours prononcé lors de l'Assemblée législative du lundi 6 février 1865, dans *Débats parlementaires sur la question de la Confédération des provinces de l'Amérique britannique du Nord*, 3ᵉ session, 8ᵉ parlement provincial du Canada, Québec, Imprimeurs parlementaires, 1865.

MACHIAVELLI, NICCOLO. *Discours sur la première décade de Tite-Live*, Paris, Berger-Levreault, 1980.

MARGALIT, AVISHAI, et MOSHE HALBERTAL. « Liberalism and the Right to Culture », *Social Research* 3, n° 61, 1994, p. 491-510.

MCPHERSON, JAMES M. *La guerre de Sécession (1861-1865)*, Paris, Laffont, 1991.

MCNAUGHT, KENNETH. *The Pelican History of Canada*, 4ᵉ éd., Harmondsworth, Penguin. 1982.

—— « Approaches to the Study of Canadian History », *The [Japanese] Annual Review of Canadian Studies* 5, 1984, p. 89-102.

MCRAE, KENNETH D. « The Structure of Canadian History », dans *The Founding of New Societies*, sous la dir. de LOUIS HARTZ, New York, NY, Harcourt, Brace and World, 1964.

McRoberts, Kenneth. *Développement et modernisation du Québec*, Montréal, Boréal Express, 1983.

—— *Un pays à refaire : l'échec des politiques constitutionnelles canadiennes*, Montréal, Boréal, 1999.

Mendelsohn, Matthew. « Public Brokerage : Constitutional Reform and the Accommodation of Mass Publics », *Canadian Journal of Political Science* 23, n⁰ 2, juin 2000, p. 245-272.

Merritt, Scott. « Moving Day », tirée de *Gravity is Mutual*, Toronto, Duke Street Records, 1986.

Miller, David. « Distributive Justice : What People Think », *Ethics* 102, n⁰ 3, avril 1992, p. 555-593.

Miller, J.R. *Skyscrapers Hide the Heavens : A History of Indian-White Relations in Canada*, 2ᵉ éd., Toronto, University of Toronto Press, 1991.

Monière, Denis. *Le développement des idéologies au Québec*, Montréal, Québec-Amérique, 1977.

Monk, Katherine. *Weird Sex and Snowshoes : And Other Canadian Film Phenomena*, Vancouver, Raincoast Books, 2001.

Nash, Roderick. *Wilderness and the American Mind*, 3ᵉ éd., New Haven, CT, Yale University Press, 1982.

Noël, Alain. « Deliberating the Constitution », dans *Constitutional Predicament : Canada after the Referendum of 1992*, sous la dir. de Curtis Cook, Montréal et Kingston, McGill-Queen's University Press, 1994.

Norman, Wayne. « Les paradoxes du nationalisme civique », dans *Charles Taylor et l'interprétation de l'identité moderne*, sous la dir. de Guy Laforest et Phillipe de Lara, Paris, Éditions du CERF, 1998.

Nussbaum, Martha. « Transcending Humanity », dans Martha Nussbaum, *Love's Knowledge : Essays on Philosophy and Literature*, Oxford, Oxford University Press, 1990.

Pue, W. Wesley (dir.). *Pepper in Our Eyes : The APEC Affair*, Vancouver, UBC Press, 2000.

Pangle, Thomas. *The Spirit of Modern Republicanism : The Moral Vision of the American Founders and the Philosophy of Locke*, Chicago, IL, University of Chicago Press, 1988.

Pesic, Peter. « Wrestling with Proteus : Francis Bacon and the "Torture" of Nature », *Isis* 90, 1999, p. 81-94.

Pocock, J.G.A. *Le moment machiavélien : la pensée politique florentine et la tradition républicaine atlantique*, Paris, Presses universitaires de France, 1997.

Porter, John. *The Vertical Mosaic : An Analysis of Social Class and Power in Canada*, Toronto, University of Toronto Press, 1965.

Québec. *Projet de loi sur la souveraineté du Québec*, 1995. http://membres.lycos.fr/independance/partiquebecois/projet_loi.html.

Rawls, John. *Théorie de la justice*, Paris, Seuil, 1987.

—— *Le droit des gens*, Paris, Éditions Esprit, 1996.

Resnick, Philip. *The Land of Cain : Class and Nationalism in English Canada, 1945-1975*, Vancouver, New Star, 1977.

—— *The Masks of Proteus : Canadian Reflections on the State*, Montréal et Kingston, McGill-Queen's University Press, 1990.

—— *Thinking English Canada*, Toronto, Stoddart, 1994.

Ricœur, Paul. *Soi-même comme un autre*, Paris, Éditions du Seuil, 1990.

ROBINSON, HARRY. *Nature Power : In the Spirit of an Okanagan Storyteller*, sous la dir. de WENDY WICKWIRE, Vancouver, Douglas and McIntyre, 1992.

ROGERS, STAN. « Northwest Passage », tirée de *Northwest Passage*, Dundas, ON, Forgarty's Cove Music, 1981.

RORTY, RICHARD. *Achieving Our Country : Leftist Thought in Twentieth Century America*, Cambridge, MA, Harvard University Press, 1998.

ROUSSEAU, JEAN-JACQUES. *Discours sur l'origine de l'inégalité parmi les hommes*, présenté par HENRI GUILLEMIN, Paris, Union générale d'éditions, 1963.

—— *Du contrat social*, chronologie et introduction par PIERRE BURGELIN, Paris, Garnier-Flammarion, 1966.

RUSSELL, PETER. H. « The Political Purposes of the Canadian Charter of Rights and Freedoms », *Canadian Bar Review* 61, 1983, p. 30-54.

—— « The First Three Years in Charterland », *Canadian Public Administration* 28, automne 1985, p. 367-396.

—— *Constitutional Odyssey : Can Canadians Become a Sovereign People ?*, 2e éd., Toronto, University of Toronto Press, 1993.

SALÉE, DANIEL. « Quebec Sovereignty and the Challenge of Linguistic and Ethnocultural Minorities : Identiy, Difference and the Politics of Ressentiment », *Quebec Studies* 24, automne 1997, p. 6-23.

SAUL, JOHN RALSTON. *Réflexions d'un frère siamois : le Canada à la fin du XXe siècle*, Montréal, Boréal, 1998.

SAVOIE, DONALD J. *Governing from the Centre : The Concentration of Power in Canadian Politics*, Toronto, University of Toronto Press, 1999.

SCHMITT, CARL. *La notion de politique*, Paris, Calmann-Lévy, 1972.

—— *Théologie politique*, Paris, Gallimard, 1988.

SCHUMPETER, JOSEPH ALOIS. *Capitalisme, socialisme et démocratie*, Paris, Payot, 1951.

SÉGUIN, MAURICE. *L'idée de l'indépendance du Québec : Genèse et historique*, Trois-Rivières, Boréal, 1968.

SEYMOUR, MICHEL. *La nation en question*, Montréal, l'Hexagone, 1999.

SHAROT, STEPHEN. *Judaism : A Sociology*, Londres, David and Charles, 1976.

SIEGFRIED, ANDRÉ. *Le Canada, les deux races : problèmes politiques contemporains*, Paris, Colin, 1906.

SILVER, A.I. *The French-Canadian Idea of Confederation, 1864-1900*, Toronto, University of Toronto Press, 1982.

SIMEON, RICHARD. *Federal-Provincial Diplomacy : The Making of Recent Policy in Canada*, Toronto, University of Toronto Press, 1972.

SIMPSON, JEFFREY. « A Wake-Up Call for the Rest of Canada », *Globe and Mail*, 1er décembre 1998, p. A 26.

—— *The Friendly Dictatorship*, Toronto, McClelland and Stewart, 2001.

SMITH, DAVID E. *The Invisible Crown : The First Principle of Canadian Government*, Toronto, University of Toronto Press, 1995.

SNIDERMAN, PAUL M., JOSEPH F. FLETCHER, PETER H. RUSSELL et PHILIP E. TETLOCK. *The Clash of Rights : Liberty, Equality, and Legitimacy in Pluralist Democracy*, New Haven, CT, Yale University Press, 1996.

STRAYER, ALISON LEE. *Jardin et Prairie*, Montréal, Leméac, 1999.

Talmud, traduit par Israël Salzer, Paris, Verdier, 1984.

TANNEN, DEBORAH. *The Argument Culture : Changing the Way We Argue and Debate*, Londres, Virago, 1998.

Taylor, Charles. « How is Mechanism Conceivable ? », dans Charles Taylor, *Human Agency and Language : Philosophical Papers 1*, Cambridge, Cambridge University Press, 1985.

—— *Les sources du moi : la formation de l'identité moderne*, Montréal, Boréal Compact, 2003.

—— « The Dialogical Self », dans *The Interpretive Turn : Philosophy, Science, Culture*, sous la dir. de David R. Hiley, James F. Boman et Richard Shusterman, Ithaca, NY, Cornell University Press, 1991.

—— *Grandeur et misère de la modernité*, Montréal, Bellarmin, 1992.

—— *Rapprocher les solitudes : écrits sur le fédéralisme et le nationalisme au Canada*, textes rassemblés par Guy Laforest, Sainte-Foy, Presses de l'Université Laval, 1992.

—— « La politique de la reconnaissance », dans *Multiculturalisme : différence et démocratie*, présenté par Amy Guttman, Paris, Aubier, 1994.

Thériault, Joseph Yvon. « Entre la nation et l'ethnie », dans Joseph Yvon Thériault, *L'identité à l'épreuve de la modernité : Écrits politiques sur l'Acadie et les francophonies canadiennes minoritaires*, Moncton, Éditions d'Acadie, 1995.

Thompson, John B. et David Held (dir.). *Habermas : Critical Debates*, Cambridge, MA, MIT press, 1982.

Thoreau, Henry David. *La désobéissance civile* ; suivi de *Visiteurs : propos sur un bûcheron canadien-français*, traduction, introduction et chronologie par Sylvie Chaput ; postface par Marc Chabot ; L'Hexagone : Minerve, Montréal, 1982.

Tolstoï, Léon. *The Kingdom of God and peace Essays*, Londres, Oxford University Press, 1936.

Tragically Hip, The. « Courage (for Hugh MacLelland) », tirée de *Live Between Us*, Toronto, Universal Music, 1997.

—— *Phantom Power*, Toronto, Universal Music, 1998.

Trudeau, Pierre Elliott. *Le fédéralisme et la société canadienne-française*, Montréal, Éditions HMH, 1967.

—— *Federalism and the French Canadians*, Toronto, MacMillan, 1968 (je le mets aussi en anglais car « A Constitutional Declaration of Rights » (note 8, p. 148) n'apparaît que dans la version anglaise du livre).

—— « Say Goodbye to the Dream of One Canada », *Toronto Star*, 27 mai 1987.

—— « Statement on Multiculturalism », dans *Canadian Political Thought*, sous la dir. de H.D. Forbes, Toronto, Oxford University Press, 1987.

—— « Des valeurs d'une société juste », dans *Les années Trudeau : la recherche d'une société juste*, sous la dir. de Thomas Axworthy et Pierre Elliott Trudeau, Montréal, Le Jour, 1990.

—— *Trudeau : l'essentiel de sa pensée politique*, avec la coll. de Ron Graham, Montréal, Le Jour, 1998.

—— « Pour une politique fonctionnelle », manifeste signé conjointement par Pierre Elliott Trudeau, Albert Breton, Raymond Breton, Claude Bruneau, Yvon Gauthier, Marc Lalonde et Maurice Pinard, *Cité Libre*, mai 1964.

Tully, James. « Diversity's Gambit Declined », dans *Constitutional Predicament : Canada After the Referendum of 1992*, sous la dir. de Curtis Cook, Montréal et Kingston, McGill-Queen's University Press, 1994.

—— *Une étrange multiplicité : le constitutionnalisme à une époque de diversité*, Sainte-Foy, Presses de l'Université Laval, 1999.

TUNICK, MARK. Punishment : Theory and Practice, Berkeley, CA, University of California Press, 1992.

TURNER, FREDERICK JACKSON. « The Significance of the Frontier in American History », dans FREDERICK JACKSON TURNER, Frontier and Section : Selected Essays of Frederick Jackson Turner, présenté par RAY ALLEN BILLINGTON, NJ, Englewood Cliffs, Prentice Hall, 1961.

VIPOND, ROBERT C. Liberty and Community : Canadian Federalism and the Failure of Constitutional Vision, Albany, NY, State University of New York Press, 1991.

WALDRON, JEREMY. « When Justice Replaces Affection : The Need for Rights », dans JEREMY WALDRON, Liberal Rights : Collected Papers 1981-1991, Cambridge, Cambridge University Press, 1993.

WALZER, MICHAEL. « Political Action : The Problem of Dirty Hands », Philosophy and Public Affairs 2, n° 2, 1973, p. 160-180.

—— Sphères de justice : une défense du pluralisme et de l'égalité, Paris, Éditions du Seuil, 1997.

—— « What Rights for Cultural Communities », à paraître.

WEBER, MAX. « Science as a Vocation », dans From Max Weber : Essays in Sociology, sous la dir. de H.H. GERTH et C. WRIGHT MILLS, New York, NY, Oxford University Press, 1946.

—— Le judaïsme antique, Paris, Plon, 1970.

WEBBER, JEREMY. Reimagining Canada : Language, Culture, Community, and the Canadian Constitution, Montréal et Kingston, McGill-Queen's University Press, 1994.

WEINMANN, HEINZ. Du Canada au Québec : généalogie d'une histoire, Montréal, Éditions de l'Hexagone, 1987.

WHITAKER, REGINALD. « With or Without Quebec ? », dans « English Canada » Speaks Out, sous la dir. de J.L. GRANATSTEIN et KENNETH MCNAUGHT, Toronto, Doubleday Canada, 1991.

WILLIAMS, BERNARD. « Politics and the Moral Character », dans Public and Private Morality, sous la dir. de STUART HAMPSHIRE, Cambridge, Cambridge University Press, 1978.

WITTGENSTEIN, LUDWIG. Tractatus logico-philosophicus, suivi de Investigations philosophiques, Paris, Gallimard, 1961.

YOUNG, ROBERT A. La sécession du Québec et l'avenir du Canada, Sainte-Foy, Presses de l'Université Laval, 1995.

Table des matières

DANS LA MÊME COLLECTION

GÉRARD BOISMENU et GUYLAINE BEAUDRY,
Le nouveau monde numérique. Le cas des revues universitaires

JOSEPH HEATH, *La société efficiente.*
Pourquoi fait-il si bon vivre au Canada ?

INGO KOLBOOM, *Pièces d'identité.*
Signets d'une décennie allemande 1989-2000

RAPPORT DU COMITÉ SPÉCIAL DU SÉNAT
SUR LES DROGUES ILLICITES, *Le cannabis*

AGMV Marquis

MEMBRE DE SCABRINI MEDIA

Québec, Canada
2004